Die deutsche Hausindustrie.

Fünfter Band.

Schriften

des

Vereins für Socialpolitik.

XLVIII.

Die deutsche Hausindustrie.

Fünfter Band.

Leipzig,
Verlag von Duncker & Humblot.
1891.

Die Hausindustrie

in der Stadt Leipzig

und

ihrer Umgebung.

Von

Dr. Adolf Lehr.

Leipzig,
Verlag von Duncker & Humblot.
1891.

Inhaltsverzeichnis.

I.

Einleitung.

Die meisten der bis jetzt in den Schriften des Vereins für Socialpolitik veröffentlichten Monographien über die Hausindustrie in Deutschland haben die Schilderung einer einzigen, in bestimmten Orten eines Bezirkes konzentrierten Hausindustrie zum Gegenstand, neben welcher andere Zweige derselben nicht oder doch nur in geringem Umfang betrieben werden und welche in jenen Gegenden bereits seit einer langen Reihe von Jahren eingebürgert ist, ohne im Laufe der Zeiten einem besonderen Wechsel unterworfen gewesen zu sein. Es ist daher vielfach bereits eine Litteratur über die betr. Hausindustrie vorhanden gewesen, zum mindesten aber enthalten die Akten der Verwaltungsbehörden und Korporationen (Zünfte, Innungen, Gewerbevereine u. dgl.) manches wertvolle Material über die Entstehung und Entwicklung der bereits auf eine längere Geschichte zurückblickenden Industrie. In solchen Bezirken ist es auch nicht schwierig, diejenigen Unternehmer zu ermitteln, welche Hausarbeiter beschäftigen, und um diese letzteren selbst zu finden und zu hören, braucht man nur, ich möchte sagen, in das erste, beste Haus zu treten und wird dann zu dem gewünschten Ziele gelangen.

Im Leipziger Bezirke dagegen liegen die Verhältnisse anders und weit ungünstiger. Zunächst fand sich, abgesehen von wenigen Bemerkungen in einzelnen Jahresberichten der Handelskammer zu Leipzig, eine Litteratur nicht vor, auf Grund deren man seine Forschungen hätte beginnen und weiter bauen können. Allerdings lagen die vom Kaiserl. Statistischen Amte zu Berlin veröffentlichten Ergebnisse der Berufs- und Gewerbezählung vom 5. Juni 1882 vor und sie gaben wenigstens einen Anhalt dafür, welche Gewerbe im hiesigen Bezirke damals angeblich hausindustriell betrieben wurden. Ich sage ausdrücklich „angeblich", denn ich kann nicht leugnen, daß ich den auf die Hausindustrie bezüglichen Ergebnissen jener Zählung etwas skeptisch gegenüberstehe. War es mir schon so gut wie gewiß, daß eine recht bedeutende Anzahl von Personen, welche doch sicher ebenfalls als Hausindustrielle anzusehen sind, in den Tabellen jener Zählung vollständig fehlen würden, — ich meine die zahlreichen Frauen und Töchter von kleinen Beamten und überhaupt den besseren Ständen angehörenden Personen, welche hier durch Stickerei, Näharbeit und Anfertigung von Wollen- und Baumwollenwaren der verschiedensten Art sich einen großen Teil ihres Lebensunterhaltes verdienen[1], — so kamen noch weitere Umstände hinzu, welche mich eine erschöpfende und richtige Behandlung des Gegenstandes bezweifeln ließen. Bei der erwähnten Aufnahme wurden diejenigen Personen nicht zu den Hausindustriellen gezählt, welche das Rohmaterial zu den anzufertigenden Gegenständen selbst beschaffen, also nach dieser Richtung hin vom Unternehmer unabhängig sind. Gerade im Königreich Sachsen gibt es aber eine nicht geringe Anzahl Hausindustrieller, welche, wie z. B. die Holz- und Spielwarenverfertiger im Erzgebirge, das benötigte Holz selbst einkaufen, oder wie die Annaberger Spitzenklöppler, sich selbst mit dem entsprechenden Rohmaterial versorgen. Bei dieser Einschränkung des Begriffes „Hausindustrie" wurden denn auch bei der Berufs- und Gewerbezählung von 1882 im Leipziger Bezirke die zahlreichen Korbmacher, deren Gewerbe hier bereits seit Jahrhunderten besteht, gar nicht mit unter die Hausindustriellen einbezogen, ebensowenig alle diejenigen Hausarbeiter, welche einen Teil ihrer Produktion nicht an einen größeren Unternehmer absetzen, sondern direkt — durch Hausieren — vertreiben, wie dies hier seitens der Korbmacher und Cigarrenarbeiter häufig geschieht. (Vergl. hierüber auch: Zeitschrift des Kgl. Sächs. Statistischen Büreaus. Zweites Supplementheft zum XXXII. Jahrgang 1886. S. 22 u. 23.)

Wenn ich dann endlich mich daran erinnere, wie wunderbar der Begriff „Hausindustrie" seitens mancher von mir befragten Beteiligten aufgefaßt wurde — so wurden mir z. B. Schankwirte, Materialwarenhändler, Ziegler, Bierbrauer, Metzger u. s. w. als Hausindustrielle bezeichnet — wenn ich mich weiter erinnere, daß die Gemeindebehörde eines Ortes, in welchem ich nachher einige hundert Hausarbeiter ermittelte, den schriftlichen Bescheid erteilte, es gebe in dem betr. Orte überhaupt keine Hausindustrie, so sind Zweifel darüber wohl gerechtfertigt, ob bei der 1882er Zählung

[1] Vergl. Schriften des Vereins für Socialpolitik XL., Die deutsche Hausindustrie, Bd. 2, S. 28.

die Beantwortung der gestellten Fragen immer eine richtige gewesen sein möge.

Bei den wenigen Anhaltspunkten also, welche die vorhandene Litteratur gab, wäre es für einen einzelnen Erforscher der betr. Verhältnisse, namentlich wenn ihm eine amtliche Qualität fehlt, außerordentlich schwierig gewesen, die thatsächlich in hiesiger Gegend vertretenen Zweige der Hausindustrie, sowie die einzelnen Unternehmer und Arbeiter in derselben zu ermitteln und diese dann zur Auskunftserteilung zu veranlassen. Auf Anregung des Herrn Professor Dr. Hasse, Direktors des statistischen Amtes der Stadt Leipzig, trat daher eine Kommission zusammen, deren nächste Aufgabe es war, auf Grund der amtlichen und persönlichen Erfahrungen der Kommissionsmitglieder festzustellen, welche Gewerbe hier hausindustriell betrieben würden, welches die namhafteren Unternehmer seien und welches Verfahren bei Einholung der Auskunft am zweckmäßigsten einzuschlagen sein würde. Diese Kommission bestand aus den Herren Prof. Dr. Hasse, Handelskammersekretär Dr. Gensel, Kgl. Gewerberat Haacke, Gewerbekammersekretär Herzog und dem Verfasser dieser Arbeit. Bezüglich des einzuschlagenden Verfahrens erschien als am meisten erfolgversprechend und zugleich die zuverlässigsten Ergebnisse sichernd, die Enquete; es wurden daher zunächst zwei Fragebogen aufgestellt und demnächst versandt, deren einer sich unter thunlichster Erschöpfung der für die Lage der Hausindustrie in den einzelnen Gewerben maßgebenden Gesichtspunkte an die Unternehmer wandte, während der andere an die Gemeindebehörden, Standesämter, Sparkassen, Gewerbevereine, Innungen u. s. w., sowie an einzelne Ärzte und Lehrer gerichtet war und die Auskunftserholung über die allgemeinen Verhältnisse der Hausindustrie, wie Lebenshaltung, Gesundheit, Eheschließung, Fleiß, Sparsinn, Besitz, Moralität u. s. w. zum Zweck hatte. Von einer schriftlichen Befragung der Hausarbeiter selbst wurde aus naheliegenden Gründen abgesehen, dagegen wurden aus sämtlichen Zweigen der hierzulande vertretenen Hausindustrie eine Anzahl Arbeiter zu einer eingehenden mündlichen Besprechung eingeladen und zu diesem Zwecke im Laufe des vergangenen Winters zahlreiche Zusammenkünfte mit denselben in den Räumen der hiesigen Handelskammer abgehalten, in welchen außerdem auch noch eine Anzahl von Unternehmern mündlich weiter befragt wurde. Die entfernter von Leipzig wohnenden Hausarbeiter wurden in den mit großer Bereitwilligkeit zur Verfügung gestellten Räumen der Ortsbehörden oder der Unternehmer vernommen und überdies zahlreiche Hausarbeiter in ihren Wohnungen von mir aufgesucht. — Auf diese Weise gelang es, ein, wie ich denke, erschöpfendes und auch zuverlässiges Material über die Hausindustrie der hiesigen Gegend zu erhalten und ich benutze gerne die Gelegenheit, um hier nochmals allen denjenigen zu danken, Behörden, Unternehmern und Arbeitern, welche mit so großer Bereitwilligkeit und Sachkenntnis die Gewinnung dieses Materials ermöglicht und unterstützt haben.

Die Ergebnisse der Berufs- und Gewerbezählung vom 5. Juni 1882 sind veröffentlicht in der „Statistik des Deutschen Reiches. Neue Folge Bd. 6", und zwar in Teil I für die größeren Verwaltungsbezirke — in unserem Falle für die Kreishauptmannschaft Leipzig — und in Teil II für die Großstädte — hier also für die Stadt Leipzig. Es hätte vielleicht nahe gelegen, die vorliegende Untersuchung in Rücksicht auf die Vergleichbarkeit der Ergebnisse nach dieser Einteilung entweder auf die ganze Kreishauptmannschaft Leipzig auszudehnen oder auf die Stadt Leipzig allein zu beschränken; beides aber erschien unthunlich, das eine in Rücksicht auf den großen Umfang der Kreishauptmannschaft, welcher die ins Auge gefaßte und auch durchgeführte Intensität der Bearbeitung von Leipzig aus nahezu unmöglich gemacht hätte, das andere aber, weil eine Betrachtung der Stadt Leipzig allein, nach welcher doch alle Handels- und Gewerbebeziehungen der Umgegend gravitieren, ein keineswegs erschöpfendes Bild der hier am Platze zum Austrag kommenden Verhältnisse ergeben haben würde. Dagegen erschien es zweckmäßig, die Untersuchung außer auf die Stadt Leipzig auch auf das Gebiet der Amtshauptmannschaft Leipzig zu erstrecken, da der solchergestalt gebildete Bezirk mit demjenigen der hiesigen Handelskammer sowohl wie der Gewerbekammer sich deckt und überdies den Sitz einer nicht unbedeutenden Hausindustrie in den verschiedensten Gewerben bildet, während seine räumliche Ausdehnung einer intensiven Bearbeitung von hier aus doch nicht hinderlich werden konnte. Allerdings umschließt der bei der vorliegenden Untersuchung unberücksichtigt gebliebene Teil der Kreishauptmannschaft Leipzig noch zahlreiche hausindustrielle Betriebe, aber gerade in Rücksicht auf deren Zahl und Bedeutung dürfte ihre Erörterung besser Gegenstand einer besonderen Schilderung sein und jedenfalls hat der mit dieser Enquete verbundene Aufwand an Zeit und Arbeit die Notwendigkeit der geübten Beschränkung erwiesen.

Ich möchte diese einleitenden Worte nicht schließen, ohne noch zwei andere Punkte zu erwähnen. Bei einer Besprechung der vortrefflichen Arbeit von Schanz „Zur Geschichte der Kolonisation und Industrie in Franken" hebt Schmoller (Jahrbuch für Gesetzgebung u. s. w., Jahrgang 1887, S. 369) hervor, Schanz habe es in der Schilderung deutscher Industrie nicht zu der Kunst wie Thun, Sax, Schnapper-Arndt u. A. gebracht, die es verstünden, plastische Bilder deutschen Industrieelendes so grau in grau, so schwarz in schwarz zu malen, daß alle Fibern des socialen Mitgefühls wachgerufen würden; die Rolle dieser letztgenannten Schriftsteller sei fast durchaus die eines öffentlichen Anklägers; ihre wesentliche Aufmerksamkeit ruhe auf der Hervorkehrung socialer Mißstände. Dem gegenüber lobt Schmoller die von Schanz bethätigte Objektivität und dessen gleichmäßiges Verteilen von Licht und Schatten. Schanz selbst aber sagt als Schlußergebnis seiner Untersuchungen, in seinen Studien erscheine der Unternehmer so recht als das Haupt, als die Seele der Industrie, ohne dessen Führerschaft alles dahin welke, von dessen Tüchtigkeit in erster Linie der Wohlstand und das Gedeihen des Gewerbes und des Gemeinwesens abhänge.

Ich habe diese Äußerungen zweier hervorragender Theoretiker deswegen hier etwas ausführlich zitiert, weil ich, der ich Jahre lang in der Industrie praktisch thätig gewesen bin und die Menschen in derselben, ihre Bedürfnisse, Berechtigungen und Forderungen kennen gelernt habe, manchen Äußerungen der vernommenen Arbeiter gegenüber sehr vorsichtig und stets bemüht gewesen bin, den oft gehörten Anklagen so auf den Grund zu gehen, daß auch der Unternehmer zu seinem Rechte kam. Ich kann nicht so ohne jede Prüfung in das dem Unternehmer gegenüber heute so oft gehörte „Kreuzige! Kreuzige!“ einstimmen und da, nach meiner persönlichen Ansicht wenigstens, heutzutage der Industrie und dem Gewerbe gegenüber in übertriebener Humanität Manches gesündigt wird, so muß ich darauf gefaßt sein, daß man vielleicht hier und da den nachstehenden Bericht, welchen ich in voller Objektivität niedergeschrieben zu haben glaube, als einen im Sinne des Unternehmertums einseitig verfaßten ansehen wird. Schmoller und Schanz, diese bedeutenden Theoretiker, wird man solcher Tendenzen gewiß nicht beschuldigen wollen und deshalb glaubte ich ihre oben mitgeteilten Worte hier anführen zu müssen.

Auch nach einer anderen Richtung hin möchte ich mich gegen den möglicherweise zu erhebenden Vorwurf der Einseitigkeit und Parteilichkeit auf das Bestimmteste verwahren. Als zu Anfang des Jahres 1890 die Antworten auf die ausgesandten Fragebogen eingingen, erschienen unter denselben auch Klagen über die Gebahrung einiger israelitischer Unternehmer; ich wollte diese Klagen, wenigstens soweit es sich um die Hervorhebung der Religion handelte, anfänglich unberücksichtigt lassen, um selbst den Schein zu vermeiden, als solle hier eine Tendenzschrift antisemitischer Richtung geschrieben werden. Allein die Klagen mehrten sich; sowohl von Seiten der Unternehmer, wie von Seiten der Hausindustriellen wurden unter Namhaftmachung der betreffenden Firmen so bestimmte Beschwerden laut, daß ein Ignorieren nicht mehr anging. Leider haben nun gerade diese Geschäfte trotz mehrmals wiederholter Bitten um Auskunftserteilung eine solche nicht gegeben, sodaß es unmöglich war, ihre Aussagen mit denjenigen der sonst vernommenen Personen zu vergleichen; so sehr ein derartiges Schweigen, dessen Gründe ich nicht kenne und auch nicht untersuchen will, zu bedauern ist, so wenig möglich war es, bei den so bestimmt und von den verschiedensten Seiten über dieselben Firmen gemachten Angaben diese einfach unberücksichtigt zu lassen. Trotzdem ist selbstverständlich in diesem Berichte nur dasjenige mitgeteilt, was nach sorgfältigster Prüfung glaubhaft erschien und wenn dennoch vielleicht an einer oder der anderen Stelle das Bild zu schwarz erscheinen sollte, so würde dies eben nur daran liegen, daß unsere wiederholten Bitten um Aufklärung nicht berücksichtigt worden sind.

II.

Allgemeiner Teil.

Das Gebiet der Stadt und der Amtshauptmannschaft Leipzig, auf welches sich also die vorliegende Untersuchung erstreckte, bildet die nordwestlichste Ecke des Königreichs Sachsen mit einem Flächeninhalt von 498,65 qkm und hatte nach der Volkszählung vom 1. Dezember 1885 eine ortsanwesende Bevölkerung von 365 880 Köpfen, von welchen 170 340 allein auf die Stadt Leipzig, 195 540 auf die drei kleinen Städte Taucha, Zwenkau und Markranstädt und 135 ländliche Gemeinden der Amtshauptmannschaft entfielen. Zehn dieser ländlichen Gemeinden wurden bis 1. Januar 1890 von der Stadt Leipzig einverleibt, sodaß die Einwohnerzahl der letzteren — auf den 1. Januar 1890 berechnet, also inklusive des natürlichen Zuwachses — nunmehr 282 997 betrug. Die einverleibten zehn Orte zählten zusammen 95 295 Einwohner, trugen also, wenn sie auch die Bezeichnung „Dörfer" führten, einen städtischen Charakter, der sich naturgemäß auch auf die dortigen Arbeiter und ihre Verhältnisse übertrug. Hierin liegt mit ein wesentlicher Unterschied zwischen der hiesigen und der Hausindustrie anderer Bezirke (von Großstädten wie Berlin abgesehen) und er kennzeichnet sich vor allem dadurch, daß während anderwärts, wenn überhaupt die Hausarbeiter noch einen Nebenerwerb haben, dieser meist im Betreiben der Landwirtschaft besteht, hier eine landwirtschaftliche Nebenbeschäftigung nur in ganz vereinzelten Fällen vorkommt. Es ist das zum mindesten in gesundheitlicher Beziehung bedauerlich, denn selbst derjenige Hausarbeiter, welcher bei ununterbrochenem Betriebe seines eigentlichen Gewerbes mehr verdienen würde, wie bei der gleichzeitigen Bestellung eines vielleicht wenig fruchtbaren Ackers, wird durch die letztere zum Vorteile seiner Gesundheit wenigstens zeitweilig der dumpfen Werkstatt entführt. Jedenfalls aber ist der landwirtschaftliche Nebenberuf unzweifelhaft ein weit gesünderer, verleiht einen weit höheren sittlichen Halt, wie die durch das städtische Leben veranlaßte Nebenbeschäftigung mancher der hiesigen Hausarbeiter als Kellner, Musikanten u. s. w.

Liegt die Stadt Leipzig auch nichts weniger als im Mittelpunkte der gleichnamigen Amtshauptmannschaft, so gravitieren doch alle, auch die industriellen und gewerblichen Verhältnisse der letzteren nach ersterer, deren ausgezeichnete handelsgeographische Lage jene Industrien und Gewerbe erst ins Leben rief. Bei der Gunst seiner natürlichen Lage[1] ist Leipzig früh eine bedeutende Handelsstadt geworden und geblieben, wenn auch nicht verkannt werden darf, daß seine jetzige Entwicklung immer mehr nach der Industriestadt hinneigt. Nicht die schlechte Beschaffenheit eines unfruchtbaren Bodens, nicht das Vorhandensein oder die leichte Gewinnbarkeit und Verwertung eines Rohstoffes waren es, welche die Bewohner des hiesigen Bezirkes einer industriellen, auch der hausindustriellen Thätigkeit zuführten; vielmehr wurde diese allein durch den Handel und Verkehr der Stadt ins Leben gerufen, sie folgte ihm in stetem Anpassen an seine Bedürfnisse, Entwicklung und Veränderungen und so ist es denn begreiflich, daß wir es hier, von einigen Ausnahmen abgesehen, im ganzen nicht mit einer bereits auf eine lange Geschichte zurückblickenden Hausindustrie, sondern nur mit einigen, höchstens Jahrzehnte alten Zweigen derselben zu thun haben. Und auch deren Fortbestand für die Zukunft ist mitunter zweifelhaft. Schon ist nach den jetzt angestellten Erhebungen die Hausindustrie aus einer ganzen Reihe von Gemeinden verschwunden, in welchen sie nach der Berufs- und Gewerbezählung von 1882 noch mehrfach vertreten war, einige Zweige der Hausindustrie existieren jetzt hier nur noch in wenigen Vertretern und von Einführung eines neuen Zweiges in den letzten Jahren konnte wenigstens nichts Belangreiches wahrgenommen werden. Von wesentlichem Einflusse auf die auch die Hausindustrie bestimmenden Verhältnisse des Leipziger Handels war die Entwicklung Berlins, das in den letzten Jahrzehnten nicht nur eine gewaltige Industriestadt geworden ist, sondern auch einen nicht unbeträchtlichen Teil des Handels anderer deutschen Binnenplätze, auch für

[1] „So besteht die ursprüngliche Gunst der Lage von Leipzig insbesondere darin, daß in dieser Gegend die norddeutsche Tiefebene am weitesten nach Süden hinabreicht, und zwar ziemlich genau im Mittelpunkte des vormaligen deutschen Reichs- und Bundesgebietes." (Roscher, Betrachtungen über die geographische Lage der großen Städte. Vortrag. Leipzig 1871. S. 18.)

einige Branchen Leipzigs, an sich gezogen hat. Leipzig selbst wird mehr und mehr Industriestadt; die infolge dessen eintretende Lohnsteigerung erschwert die Heranbildung neuer Hausarbeiter, zumal die meisten hausindustriell hergestellten Artikel nur zu solch niedrigen Preisen verkäuflich sind, daß der Unternehmer keinen hohen Arbeitslohn dafür zahlen kann, also gezwungen ist, seine Hausarbeiter in entfernteren Gegenden (u. a. im Erzgebirge) zu suchen, oder die Arbeitskräfte der Insassen von Gefängnissen zu mieten. Dennoch hat sich z. B. das Verhältnis der Hausarbeiter gegen die Fabrikarbeiter in der Cigarrenfabrikation gerade in entgegengesetztem Sinne verschoben; während die Zahl der in unserem Bezirke überhaupt wohnhaften Cigarrenmacher wesentlich gegen früher zurückgegangen ist, ist jetzt ein weit größerer Prozentsatz derselben als Hausarbeiter thätig, wie das früher der Fall war. Ein Beispiel für das fast völlige Verschwinden einer Hausindustrie bietet dagegen die maschinelle Anfertigung wollener Waren, die früher hier stark vertreten war und jetzt den wenigen Vertretern dieser Industrie nur noch den allerkärglichsten Verdienst abwirft. Nach der Berufszählung von 1882 soll damals hier die Schuhmacherei noch vielfach hausindustriell betrieben worden sein; nach den Mitteilungen der hiesigen Schuhmacherinnung geschieht dies nur noch von wenigen und überdies minderwertigen Arbeitern. — Völlig neu dagegen ist die Heranziehung der Hausindustrie in der Rüschenfabrikation, die indes lediglich eine Folge der augenblicklichen Mode ist und mit deren Änderung wieder verschwinden wird. Meiner Ansicht nach werden derartige Veränderungen noch öfter wiederkehren, da sie mit in den Anforderungen des Leipziger Handels begründet sind, der ein schnelles Anpassen seitens der Industrie verlangt und unter dem Einfluß der stets neue Gegenstände erfordernden und an den Markt bringenden Messen auch verlangen muß[1], abgesehen davon, daß ihn auch die auswärtige Konkurrenz dazu zwingt. Für eine gedeihliche Existenz besonders der Hausindustrie ist freilich ein solcher häufiger Wechsel nichts weniger als vorteilhaft und ich glaube, daß, abgesehen von einigen Zweigen derselben, zu welchen ich vor allem die Konfektion in Wäsche, Kleidern und Pelzwaren rechne, die Hausindustrie aus der Nähe Leipzigs immer mehr verschwinden und sich nach den entfernteren Teilen der Kreishauptmannschaft ziehen wird.

---

[1] „Zwischen der sächsischen Industrie und den Leipziger Messen fand eine so lebhafte Wechselwirkung statt, daß es schwer zu sagen ist, wer die Mutter, wer die Tochter war. Bei der Mangelhaftigkeit der früheren Verkehrswege konnten die Leipziger Messen dem fremden Einkäufer nur dann ein großes Industriemusterlager bieten,

Trotz allem Wechsel der Verhältnisse wird aber immer noch eine ganze Reihe von Gewerben in unserem Bezirke hausindustriell betrieben und wenn auch die Bedeutung der einzelnen Branchen eine sehr verschiedene ist, so ist doch in ihrer Gesamtheit noch immer eine nicht unbedeutende Zahl von Personen thätig, deren Größe zu ermitteln aber leider unmöglich gewesen ist. Für einzelne Zweige der Hausindustrie war zwar die annähernde Feststellung ihrer arbeitenden Angehörigen zu erreichen, aber gerade für große Gebiete, wie dasjenige der Konfektion und zum Teil auch der Cigarrenfabrikation waren brauchbare Zahlen nicht zu erlangen. Nur das dürfte nach allen angestellten Erörterungen feststehen, daß im großen und ganzen die Zahl der Hausarbeiter im hiesigen Bezirke im Rückgang begriffen ist; die Großstadt (da die Einverleibung weiterer Vororte unmittelbar bevorsteht, hat unter deren Hinzurechnung die Volkszählung vom 1. Dezember 1890 für Leipzig eine Einwohnerzahl von 353 272 Köpfen ergeben), mit ihrer sich immer mächtiger entwickelnden Großindustrie ist kein günstiger Boden für die Hausarbeiter.

Die Verschiedenartigkeit der von den Letzteren betriebenen Gewerbe, die nicht minder verschiedenartigen Einkommensverhältnisse, sowie der Umstand, daß wir es hier sowohl mit einer großstädtischen wie kleinstädtischen und zugleich auch mit einer ländlichen Arbeiterbevölkerung zu thun haben, machen es unmöglich, ein einheitliches Gesamtbild der Lage unserer Hausindustriellen zu geben; der Schwerpunkt dieser Arbeit muß daher in die Schilderung der einzelnen Zweige verlegt werden und sollen hier zunächst nur diejenigen Verhältnisse für die Allgemeinheit besprochen werden, welche in den verschiedenen Gewerben wenigstens annähernd gleich gelagert sind. Gerade die Einkommensverhältnisse der Hausarbeiter sind so sehr verschiedener Art, daß auch die durch dieselben bedingte Lebenshaltung der Letzteren eine gleichmäßige nicht sein kann; hier besonders tritt der Unterschied zwischen den in der Stadt und den in ländlichen Orten wohnenden Arbeitern scharf hervor.

Die Lebenshaltung der Letzteren ist, auch bei geringerem Verdienste, in vielen Fällen doch eine bessere wie die der städtischen Hausarbeiter, welche für die Wohnung einen unverhältnismäßig hohen Teil ihres Einkommens

---

wenn die Fabrikate in der Nähe hergestellt wurden, ebenso leicht Nachbestellungen bewirkt, wie Restbestände zurückgezogen werden konnten. Andererseits konnte der Gewerbefleiß in den Thälern des Erzgebirges und Voigtlandes und an den Wasserläufen des Leipziger Kreises sich nur dann voll und ganz bethätigen, wenn ein Markt von internationaler Bedeutung sich in der Nähe befand, welcher die Wirkungen lokaler Krisen ausglich." (Hasse, Geschichte der Leipziger Messen S. 3.)

aufwenden müssen, während gleichzeitig auch alle Lebensbedürfnisse in der Großstadt weit höher im Preise stehen. Wir werden übrigens im folgenden Abschnitt bei Besprechung der einzelnen Gewerbe auch solchen Einkommensverhältnissen begegnen, welche selbst in der Stadt die Führung eines kleinbürgerlichen Haushalts — eine nicht zu zahlreiche Familie vorausgesetzt — gestatten, im ganzen aber steht die Lebenshaltung der Hausarbeiter in der Stadt derjenigen des Fabrikarbeiters höchstens gleich und wir werden, wie z. B. in der Konfektionsbranche, leider auch Lohnsätze finden, welche kaum zur Befriedigung der allernotwendigsten Lebensbedürfnisse ausreichen. — Ein sehr grau in grau gehaltenes Bild über die inneren Verhältnisse eines Arbeiterhaushaltes im Leipziger Bezirk gibt Mehner in seinem Aufsatze: „der Haushalt und die Lebenshaltung einer Leipziger Arbeiterfamilie" (Schmoller, Jahrbuch für Gesetzgebung u. s. w. 1887). So schlimm, wie es hier geschildert wird, liegen die Verhältnisse nach meinen Ermittelungen doch im allgemeinen nicht; schon die starke Beteiligung an dem in unserem Bezirke allzu üppig entwickelten Vereinsleben mit seinen Vergnügungsauswüchsen weist darauf hin, daß ein verhältnismäßig nicht unbedeutender Teil des Arbeitereinkommens zweckmäßiger zu einer besseren Lebenshaltung verwandt werden könnte, ganz abgesehen davon, daß zahlreiche Arbeiter einen ebenfalls nicht geringen Teil des Verdienstes allwöchentlich der socialen Sache opfern. Der Wahrheit über die Lebenshaltung der hiesigen Arbeiter im allgemeinen wird man wohl am nächsten kommen, wenn man die Mitte hält zwischen dem von Mehner mitgeteilten Arbeiterbudget und dem diesem an der zitierten Stelle gegenüber gestellten Haushaltsplane eines Meisters. Für einzelne im nächsten Abschnitt zu besprechende außerordentlich niedrige Einkommensverhältnisse allerdings dürfte das von Mehner gezeichnete Bild nicht nur zutreffend sein, sondern mitunter noch weit hinter der traurigen Wahrheit zurückbleiben. Auch in den ländlichen Bezirken kann der Hausarbeiter sich mitunter mancherlei Lebensbedürfnisse, die als notwendig bezeichnet zu werden pflegen, der Höhe des Preises wegen nicht oft leisten. So wird z. B. wenig Fleisch gegessen und weniger Bier getrunken; Fett, Wurst und Branntwein, die geringere Anlagepreise fordern, treten an ihre Stelle. Doch ist es bezeichnend, daß, wo dies der Fall ist, von der betreffenden Gemeindebehörde gleichzeitig mit als Grund für eine solche Ernährungsweise die meist als notwendig angesehene Befriedigung persönlicher Neigungen angeführt wurde. Von ganz besonderer Wichtigkeit aber für die Einkommensverhältnisse der Hausindustriellen unseres Bezirkes ist die Thatsache, daß sämtliche Gemeindebehörden sich übereinstimmend dahin ausgesprochen haben, eine besondere Belastung der Armenkasse durch Hausindustrielle sei nicht zu konstatieren.

In einzelnen Zweigen der Hausindustrie besteht bei manchen Geschäften der Gebrauch, daß die Arbeiter einen Teil des Materials, wie Zwirn, Nähseide u. s. w. vom Arbeitgeber zu entnehmen haben, ohne daß jedoch, von einem einzigen, überdies nicht mit Sicherheit konstatierten Falle abgesehen, eine Übervorteilung der Hausarbeiter dabei zu beobachten gewesen wäre. Eine nach dieser Richtung hin seitens der Handelskammer zu Leipzig vor einigen Jahren angestellte Erörterung kam zu dem gleichen Ergebnis und wurde namentlich hervorgehoben, daß der an anderen Orten übliche Gebrauch, nach welchem die Arbeiter zwar nicht vom Unternehmer, wohl aber vom Meister, Zuschneider oder der Direktrice derartige Zuthaten zu kaufen gezwungen seien, hier nicht bekannt sei.

Trotz eingehender Untersuchung ist auch nicht ein einziger Fall einer Anwendung des eigentlichen Trucksystems zu konstatieren gewesen; ebenso wenig besteht hier die Einrichtung der sogenannten Faktore für den Verkehr zwischen dem Unternehmer und den Hausarbeitern des hiesigen Bezirkes; dieser Verkehr ist vielmehr allgemein ein direkter, während sich allerdings einzelne der Leipziger Unternehmer bei der Beschäftigung weiter entfernt wohnender Arbeiter (Erzgebirge, Voigtland) der Vermittlung solcher Zwischenpersonen bedienen.

Um die im nächsten Abschnitt zu besprechenden Einkommensverhältnisse in den einzelnen Zweigen der Hausindustrie mit den sonstigen Lohnsätzen des hiesigen Bezirkes vergleichen zu können, sei hier mitgeteilt, daß der nach Maßgabe des § 8 des Krankenversicherungsgesetzes vom 15. Juni 1883 festgesetzte ortsübliche Tagelohn beträgt:

für Leipzig und die im Umkreise von 6 km liegenden Ortschaften und selbständigen Gutsbezirke:

für erwachsene männliche Arbeiter	ℳ 2.—
" " weibliche "	" 1.33⅓ Pfg.
" jugendliche Arbeiter beiderlei Geschlechts	83⅓ "

Für den Verwaltungsbezirk Leipzig mit Ausnahme des im Vorstehenden bereits angeführten Teiles:

für erwachsene männliche Arbeiter	ℳ 1.50
" " weibliche "	" 1.—
" jugendliche Arbeiter beiderlei Geschlechts	83⅓ ₰

Ferner sei zum gleichen Zwecke mitgeteilt, daß nach den Angaben der Königlichen Gewerbeinspektion zu Leipzig (Jahresberichte der Königlich sächsischen

Gewerbe- und Berginspektoren, Jahrg. 1888. S. 81) hier folgende Lohnsätze üblich sind:

für Schulkinder 3—8,5 ₰ für die Stunde,
" männliche, der Schule entwachsene Arbeiter bis zum 16. Lebensjahre und darüber 5—20 ₰ für die Stunde,
für weibliche, der Schule entwachsene Arbeiter bis zum 16. Lebensjahre und darüber 4—16 ₰ für die Stunde,
für erwachsene Mädchen und Frauen 6,5—25 ₰ für die Stunde,
" " männliche Handarbeiter in Fabriken 15—28 ₰ für die Stunde,
für Facharbeiter in Fabriken bis 50 ₰ für die Stunde,
" " im Akkord " 65 " " " "

Von wesentlichem Einflusse auf die Lebenshaltung der Hausarbeiter ist das Alter, in welchem dieselben zur Eingehung der Ehe verschreiten und da muß leider für den hiesigen Bezirk (auch bei dem Fabrikarbeiter) gesagt werden, daß die Eheschließungen im allgemeinen viel zu früh erfolgen. Der hieraus resultierende Kinderreichtum steht vielfach außer Verhältnis zum Einkommen der Eltern; die Sterblichkeit der Kinder ist eine große, weil es bei der Jugend der Eltern oft an der zur Behandlung und Ernährung der Säuglinge erforderlichen Einsicht fehlt, die Pflege derselben zudem durch die Sorge um das tägliche Brot beeinträchtigt wird. Dagegen ist im allgemeinen das Familienleben der Hausindustriellen ein geordneteres und besseres wie das der Fabrikarbeiter; der Umstand, daß das Familienhaupt nicht den größten Teil des Tages des Verdienstes wegen vom Hause abwesend zu sein braucht, trägt hierzu wesentlich bei und auch für die größeren Kinder ist ein mäßiges Heranziehen zur Arbeit jedenfalls vorteilhafter als das unbeaufsichtigte Herumtreiben auf der Straße. Die Hausarbeit äußert in Beziehung auf Angewöhnung von Reinlichkeit, Ordnung und Fleiß für alle Beteiligten, Erwachsene und Kinder, den wohlthätigsten Einfluß, sie wirkt dem häufigen Wirtshausbesuch entgegen und fördert den Sinn für Sparsamkeit. Leider freilich findet sich der letztere nicht überall; immerhin aber ist es bezeichnend, daß nur eine einzige Gemeindebehörde des hiesigen Bezirkes im Gegensatze zu den übrigen sich wie folgt äußerte: „Der Sparsinn ist nur ganz sporadisch anzutreffen. Die Vergnügungssucht der Männer, Putzsucht der Frauen, zu jugendliches Heiraten, Vereinswesen u. s. w. hintertreiben die Sparsamkeit. Man bedenkt zu wenig, daß auch mit kleinen Rücklagen bei Beharrlichkeit nach und nach ein kleines Kapital gespart werden kann, daß man am Notwendigen, nicht bloß am Überflüssigen sparen sollte. Leichtsinniges Kinderzeugen, leichtsinniges zu jugendliches Heiraten, dann Nahrungssorgen wegen Kinderreichtums und schließlich — allgemeine Unzufriedenheit mit der selbstverschuldeten Lage."

Das ist jedoch, wie gesagt, die einzige ungünstige Stimme nach dieser Richtung hin aus unserem Bezirke und sie bezieht sich auf eine Gegend, in welcher die Verhältnisse allerdings besonders ungünstig liegen. Im allgemeinen wird von allen Behörden und Sachverständigen der Fleiß, die Ordnung, die Ehrlichkeit, das gute Familienleben und die bessere Moral der Hausarbeiter lobend anerkannt und einzelne Gemeindebehörden haben geradezu den Wunsch ausgesprochen, die Hausindustrie möge innerhalb ihres Bezirkes eine weitere Ausdehnung erfahren, ein Wunsch, der zugleich beweist, daß die jetzt vorhandenen Hausarbeiter in auskömmlichen Verhältnissen leben.

Auch über die Gesundheitsverhältnisse der Hausindustriellen erhielt ich allseitig günstige Auskunft und zwar namentlich auch aus demjenigen Orte (Stötteritz) unseres Bezirkes, in welchem die meisten Cigarrenarbeiter wohnen. Eigene Krankenkassen bestehen nur wenige und auch die Beteiligung an den Ortskrankenkassen, zu welchen der Beitritt für die Hausarbeiter ja nur ein freiwilliger ist, läßt zu wünschen übrig. Über die Versicherung bei der Ortskrankenkasse der Stadt Leipzig, die Sterbefälle und Erkrankungen während des Jahres 1889 gibt die nachstehende Tabelle Auskunft:

Art der Hausindustrie.	Anzahl der Mitglieder	Sterbefälle und Alter.	Erkrankungen
Tabak- und Cigarrenfabrikation	84	—	12
Konfektion (fertige Kleider und Wäsche)	182	4 1—32 Jahre 1—52 " 1—23 " 1—30 "	24
Putzmacherei	4	—	1
Künstliche Blumen und Schmuckfedern	8	—	—
Tapisserie und Posamenterie	4	—	—
Gestrickte, gewirkte, gehäkelte Wollwaren	25	—	5
Kravatten-, Korsett-, Hosenträger und Handschuhfabrikation	3	—	—
Rauchwarenfabrikation	11	1 64 Jahre	2
Korbwarenfabrikation	2	—	—
Stoffhandschuhfabrikation	1	—	—
Total	324	5	44

Nur an wenigen Orten unseres Bezirkes finden wir Hausarbeiter im Besitze eines eigenen Häuschens und noch seltener ist der Besitz von Ackerland; so wünschenswert ein solcher meiner Ansicht nach ist, so wenig darf aber aus dem Fehlen eines solchen auf eine ungünstige Vermögenslage der Leute geschlossen werden. Der hohe Wert des Grund und Bodens in und bei einer Großstadt erklärt vielmehr diesen Umstand zur Genüge und im allgemeinen dürften die Wohnungsverhältnisse der Hausarbeiter — vor allem der außerhalb der Stadt Leipzig wohnenden — bessere sein, wie diejenigen der Fabrikarbeiter.

Bereits oben ist gesagt, daß seitens der Gemeindebehörden die Moral der Hausarbeiter im allgemeinen gelobt und von einzelnen Seiten sogar ausdrücklich als eine bessere wie bei Fabrikarbeitern anerkannt wird. Es gibt mir dies Veranlassung, eine bestimmte Seite in der Lage der weiblichen Hausarbeiter besonders zu besprechen, zumal sich im Berichte der Gewerbekammer zu Leipzig, Jahrg. 1888, S. 29, wörtlich folgende Stelle findet:

„Die Lohnsätze mancher weiblicher Arbeiter, z. B. Strickerinnen und Näherinnen, sind in der That so niedrig, daß selbst bei angestrengtester Thätigkeit der Verdienst nicht ausreicht, den dürftigsten Lebensunterhalt davon zu bestreiten; namentlich trifft es diejenigen Arbeiterinnen hart, die allein stehen und lediglich auf diesen Verdienst angewiesen sind. Diese sind geradezu gezwungen, entweder an die Wohlthätigkeit zu appellieren, oder andere bedenkliche Wege einzuschlagen."

Noch schärfer spricht sich Frankenstein aus in: „Die Lage der Arbeiterinnen in den deutschen Großstädten" (Sonderabdruck aus Schmollers Jahrbuch für Gesetzgebung u. s. w., Jahrg. XXII., Heft 2). Es heißt dort S. 18:

„Ein sehr großer Teil der Arbeiterinnen unserer Großstädte erhält Löhne, welche nicht hinreichen, die notwendigsten Bedürfnisse des Lebens zu befriedigen und befindet sich aus diesem Grunde in der Zwangslage, entweder einen ergänzenden Erwerbszweig in der Prostitution zu suchen, oder den unabwendbaren Folgen körperlicher und geistiger Zerrüttung zu verfallen."

In diesen beiden Äußerungen wird argumentiert: Weil ein Teil der Arbeiterinnen einen zu geringen Lohn verdient, darum sind sie genötigt, sich der Prostitution zu ergeben; ein Beweis aber für diese Folgerung, etwa durch Angabe der Zahl derjenigen Prostituierten, welche Strickerinnen, Näherinnen u. dgl. zu sein vorgeben, wird nicht erbracht. Gegenüber solchen vielfach gehörten Ausführungen, die meist wohl nur auf Meinungen,

Annahmen oder vereinzelten Beobachtungen beruhen, bin ich in der Lage, auf methodischer, statistischer Bearbeitung beruhende exakte Angaben über die diesbezüglichen Leipziger Verhältnisse zu machen, welche die letzteren doch in einem etwas anderen Lichte erscheinen lassen. Ich schicke voraus, daß auch in Leipzig ein Teil der Hausarbeiterinnen allerdings nur einen durchaus unzureichenden Lohn verdient (wie im nächsten Abschnitte gezeigt werden soll, nicht immer ohne eigene Schuld); die Verhältnisse liegen also in dieser Beziehung hier durchaus nicht besser, wie in anderen Großstädten. Wenn nun auch die beiden, sogleich näher zu bezeichnenden Arbeiten, welchen ich meine Angaben entnehme, nicht speciell die Lage der Hausindustrie ins Auge fassen, so enthalten sie doch auch für unsern eigentlichen Gegenstand wertvolles Material und sind endlich von so großem allgemeinem Interesse, daß es wohl gestattet sein dürfte, etwas länger bei ihnen zu verweilen.

Im Verwaltungsbericht der Stadt Leipzig für das Jahr 1884 findet sich S. 458 fl. ein Aufsatz von Dr. med. Taube über die „Ziehkinderanstalt", d. h. denjenigen Teil der städtischen Armenpflege, welcher sich mit den außerehelichen Kindern befaßt, die bei fremden Personen zur Pflege und Erziehung untergebracht sind. Nach diesem, auch in anderer Beziehung hochinteressanten Aufsatze waren im Jahre 1884 von 273 Müttern, welche ihre außerehelichen Kinder fremden Personen, sog. Zieheltern, übergeben hatten:

128 Dienstmädchen, Gesellschafterinnen, Erzieherinnen,
52 Fabrikarbeiterinnen,
48 Strickerinnen, Näherinnen, Verkäuferinnen,
18 Kellnerinnen, Sängerinnen,
7 Krankenwärterinnen,
2 privatisierende Witwen,
18 wohnten bei den Eltern.

Diesen Zahlenangaben fügt Dr. Taube folgende erläuternde Bemerkung hinzu:

„Also dieser Teil der unteren Schichten, die Dienstmädchen, welche mit den Gebildeten in nächster Beziehung stehen und auf welche dieselben vor allem ihren sittlichen Einfluß geltend machen sollten, werden hauptsächlich das Opfer ihres Leichtsinns. — — Es herrscht im allgemeinen der Glaube vor, die rapide Zunahme der unehelichen Kinder sei eine Folge unserer Zeit, vor allem das Zusammenleben der Arbeiter und Mädchen in den Fabriken bilde hierfür den Hauptgrund. Aber gerade das Gegenteil ergibt sich; die jetzt die Hauptmasse der weiblichen Bevölkerung der unteren Klassen bildenden Fabrikarbeiterinnen bilden gegenüber den Dienstmädchen nur den dritten Teil. Der Grund dieser Thatsache ist nicht schwer zu finden. Die Fabrikmädchen sind seit dem 14. Lebensjahre den schlechtesten Redensarten ausgesetzt, sie bekommen zeitig einen Einblick in das Geschlechtsleben und wissen durch genügende Beispiele, daß sie für die Ernährung des Kindes einzustehen haben, also übertönt bei ihnen Vorsicht den Leichtsinn. Die Dienstmädchen dagegen sind zu unselbständig, vertrauensvoll und oft sogar unschuldig, um sich der Folgen ihrer Handlungsweise klar zu werden. — — Die Zahl der reichlich vorhandenen Ladenmädchen ist als Mütter gleichfalls ziemlich gering. Bei ihnen macht sich der gleiche Grund, sowie die Scheu vor den Eltern, bei denen sie gewöhnlich wohnen, geltend."

Noch eingehender behandelt denselben Gegenstand eine Arbeit von Dr. Dittmann: „Uneheliche Geburten in Leipzig in den Jahren 1877 bis 1886", abgedruckt in: „Mitteilungen des statistischen Amtes der Stadt Leipzig", XVIII. Heft, S. 23 flgd. Diese auf amtlichen Quellen beruhende Arbeit hat einen um so größeren Wert, als sie sich auf einen Zeitabschnitt von zehn Jahren bezieht, und sie kommt zu demselben Ergebnisse, wie Dr. Taube in seinem oben erwähnten Aufsatze für das Jahr 1884 allein. Ich stelle aus derselben die auf S. 18 folgende Tabelle zusammen.

Zu dieser Tabelle (S. 18) ist erläuternd zu bemerken, daß unter den aufgeführten Blumenmacherinnen, Putzmacherinnen und Federschmückerinnen ausdrücklich nur solche verstanden sind, welche ihre Beschäftigung nicht in einer Fabrik ausüben; diese, sowie die weiter aufgeführten Näherinnen, Schneiderinnen, Strickerinnen und Häklerinnen würden also hausindustrielle Arbeiterinnen sein.

Während der Jahre 1877—1886 kommen demnach auf 100 uneheliche Mütter: 18,69 hausindustrielle Arbeiterinnen mit dem ersten Kinde,
16,44 „ mit weiteren Kindern,
17,79 Kinder überhaupt.

Bei Hand- und Fabrikarbeiterinnen zusammen stellen sich diese Zahlen wie folgt:
19,79 mit dem ersten Kinde,
26,38 mit weiteren Kindern,
22,53 Kinder überhaupt.

Bei den Dienstmädchen dagegen auf:
42,17 mit dem ersten Kinde,
42,94 „ weiteren Kindern,
42,47 Kinder überhaupt.

Stand und Beruf der unehelichen Mütter.

Lebendgeborene und todtgeborene Kinder.

Kategorien.	Geburtsjahr 1877—1886.					
	Erste Kinder.	Fernere Kinder.	Kinder überhaupt.	Erste Kinder.	Fernere Kinder.	Kinder überhaupt.
	Absolute Zahlen.			Relative Zahlen.		
Dienstmädchen, Köchin, Aufwärterin	2230	1486	3716	42,17	42,94	42,47
Wirtschafterin	177	106	283	3,34	3,06	3,23
Gouvernante, Gesellschafterin, Kindergärtnerin	7	2	9	0,13	0,05	0,10
Nähterin, Schneiderin	852	454	1306	16,11	13.12	14,92
Wäscherin, Plätterin	114	109	223	2,15	3,15	2,54
Strickerin, Häklerin	101	99	200	1,90	2,86	2,28
Arbeiterin, Handarbeiterin	405	424	829	7,45	12,25	9,47
Blumen-Putzmacherin, Federschmückerin	36	16	52	0,68	0,46	0,59
Fabrikarbeiterin	653	490	1143	12,34	14,13	13,06
Kellnerin	35	11	46	0,66	0,31	0.52
Verkäuferin, Direktrice	132	24	156	2,49	0,69	1,78
Händlerin, Schänkwirtin, Geschäftsinhaberin	41	62	103	0,77	1,79	1,17
Schauspielerin, Malerin, Tänzerin, Lehrerin	48	32	80	0,90	0,92	0,91
Privata	439	129	568	8,11	3,72	6,49
Prostituierte	7	2	9	0.13	0,05	0,10
Witwe, geschiedene und getrennte Frau	5	10	15	0,09	0,28	0,17
Unbekannt	6	4	10	0,11	0,11	0,11
Zusammen	5288	3460	8748	100,00	100,00	100,00

Selbst wenn man den oben namentlich genannten Hausarbeiterinnen noch die Wäscherinnen und Plätterinnen hinzuzählt, was zum mindesten für einen großen Teil derselben nicht zutrifft, ergeben sich

20,84 mit dem ersten Kinde,
19,59 „ ferneren Kindern,
20,33 „ Kindern überhaupt.

Also immer noch günstigere Zahlen wie für die beiden anderen Kategorien, und namentlich tritt das günstigere Verhältnis für die Hausarbeiterinnen bezüglich derjenigen Mütter hervor, welche wiederholt außerehelich geboren haben: 16,44 resp. 19,59 % Hausindustrielle, gegen 26,38 % Hand- und Fabrikarbeiterinnen und 42,94 % bei den Dienstmädchen. Während dieser Prozentsatz gegen die erste außereheliche Geburt bei den Hausarbeiterinnen um ca. 2 resp. 1 % niedriger ist, hat er bei den Hand- und Fabrikarbeiterinnen eine Zunahme von 7 %, bei den Dienstmädchen von fast 1 % erfahren. — Von Interesse ist weiter noch der Vergleich, welchen Dittmann für einige Kategorien zwischen jener zehnjährigen Periode und der Zeit vor 1877 anstellt. Der Prozentsatz der unehelichen Mütter beträgt demnach

aus dem Stande der	In den Jahren 1871, 1875, 1876.	1877—1886.
Dienstmädchen	37,4	42,4
Näherinnen	13,7	14,9
Wirtschafterinnen	3,1	3,2
Handarbeiterinnen	6,9	9,4
Fabrikarbeiterinnen	12,2	13,0

Die Zunahme ist also bei den Dienstmädchen am größten und bei den Hand- und Fabrikarbeiterinnen zusammen genommen größer wie bei den hausindustriellen Näherinnen. —

Auch in anderen Städten des Königreichs Sachsen sprechen die thatsächlichen Verhältnisse gegen die vielverbreitete Annahme, daß die Not, resp. die niedrigen Lohnsätze die industriellen Arbeiterinnen der Prostitution in die Arme treibe; denn während in Dresden während der Jahre 1874/83 auf 100 Geborene überhaupt 19,27 uneheliche Kinder kamen, entfallen während des gleichen Zeitraums in dem industriereichen Chemnitz auf 100 Geborene nur 11,20 außereheliche Geburten. (Dittmann a. a. O. S. 26.)

Noch eine andere Thatsache soll mitgeteilt werden. Nach dem 35. Jahresberichte des Leipziger Sparvereins machten bei demselben Spareinlagen:

	1888	1889
Fabrikarbeiter und Arbeiterinnen . . .	168	197
Näherinnen und Strickerinnen	233	260
Diener und Dienerinnen . . , . .	411	380

Für die beiden erstgenannten Kategorien finden wir also eine Zunahme der Sparer um 17 resp. 11,5 %, bei der letztgenannten dagegen eine Abnahme von fast 8 %. Hält man dies zusammen mit der durch die oben mitgeteilten Zahlen erwiesenen Thatsache, daß die Dienstmädchen, welche sich doch unzweifelhaft in einer gesicherten, namentlich pekuniär gesicherten Lage befinden, in Leipzig zu den unehelichen Müttern einen bei weitem höheren Prozentsatz stellen, wie die gewerblichen, speciell auch die hausindustriellen Arbeiterinnen, so kann doch die Annahme nicht wohl aufrecht erhalten werden, daß die letzteren einzig und allein durch die Sorge um die notwendigsten Lebensbedürfnisse gezwungen würden, sich der Prostitution zu ergeben. — Ich wiederhole, auch hier gibt es gewerbliche Arbeiterinnen, welche einen mit den Kosten des einfachsten Lebensunterhaltes in schreiendem Widerspruch stehenden Lohn erhalten; ich will auch nicht bestreiten, daß manche derselben einen nicht zu billigenden Lebenswandel führen, vielleicht auch hier und da durch die Not dazu getrieben sein mögen; aber das berechtigt noch nicht zu einem Schlusse auf die Allgemeinheit, und ich bin im Gegenteil der Ansicht, daß nicht wenige Prostituierte das Gewerbe um des Gewerbes willen treiben, sich aber der Welt gegenüber des Aushängeschildes als Näherin u. s. w. bedienen.

Es ist ja richtig, daß aus der Zahl der unehelichen Geburten innerhalb einer Bevölkerungsklasse noch nicht ohne weiteres ein Schluß auf die allgemeinen Sittlichkeitsverhältnisse der letzteren gezogen werden kann, zumal bekanntlich gerade die gewerbsmäßigen Prostituierten nur sehr wenige Geburten aufweisen; immerhin aber glaube ich doch, daß die Gegenüberstellung der Zahl der unehelichen Geburten bei den Hausarbeiterinnen einerseits, und den doch nicht unter Nahrungssorgen leidenden Dienstmädchen andererseits, namentlich aber die Zahl der wiederholten unehelichen Geburten bei den letzteren einen deutlichen Fingerzeig dafür geben, daß es nicht die Not allein sein muß, welche ein Mädchen zur Preisgebung seiner Ehre veranlaßt, sondern daß bei einem recht beträchtlichen Teil der weiblichen Bevölkerung ganz andere Motive dafür bestimmend sind.

Weit schlimmer wie niedrige Lohnsätze ist der Übelstand der sog. Saisonarbeit, welche auf die Lage und Lebenshaltung zahlreicher Haus- und Fabrikarbeiter den nachteiligsten Einfluß ausübt. In der Hausindustrie leiden unter derselben hauptsächlich die Arbeiter in der Kleider- und Rauchwarenkonfektion, nur wenige Zweige der ersteren aber sind ganz frei von dieser unheilvollen Einrichtung, welche die Leute nicht nur wochen-, sondern oft monatelang ohne jeden, wenigstens jeden regelmäßigen Verdienst läßt, sie aber andererseits zwingt, wiederum wochenlang noch den größten Teil der Nachtstunden zu Hülfe zu nehmen, um die übertragene Arbeit bewältigen zu können. Es ist einleuchtend, daß, selbst wenn die letztere gut bezahlt wird, die Hausarbeiter während der sog. stillen Zeit sich in der drückendsten Lage befinden und meist Schulden machen müssen, deren Abtragung bei dem Fehlen eines regelmäßigen Verdienstes ungemein schwer ist. Auch wenn ihnen der Arbeitgeber selbst durch Vorschüsse über die beschäftigungslose Zeit hinweghilft, ist den Leuten nicht damit geholfen; sie kommen dadurch in ein oft drückendes Abhängigkeitsverhältnis zu ihren Brotherren, ein Herausarbeiten aus ihrer Lage, ein Vorwärtskommen, oft selbst nur ein Sparen für Zeiten der Krankheit u. s. w. ist fast zur Unmöglichkeit geworden, und auch im günstigsten Falle bleiben die schweren gesundheitlichen Nachteile der monatelangen, ununterbrochenen Nachtarbeit bestehen. Hier vor allem wäre der Hebel anzusetzen, um eine gründliche Besserung der Lage zahlreicher Hausindustrieller herbeizuführen und zwar können hierzu nicht nur die Arbeitgeber allein, sondern auch das gesamte Publikum das ihrige beitragen. Das Letztere, indem es sich daran gewöhnte, seine Bestellungen und Ankäufe von Kleidungsstücken u. s. w. nicht erst im letzten Momente des unmittelbaren Bedarfes zu machen, die Ersteren, indem sie ihren Kunden eine derartige Gewöhnung erleichterten durch frühzeitige Beschaffung z. B. der Stoffe, frühzeitige Bekanntgabe der Mode und Haltung entsprechender Lagervorräte. Auf die traurigen Folgen der Saisonarbeit und die Vorschläge zu ihrer Beseitigung wird bei den einzelnen Zweigen der Hausindustrie nochmals zurückzukommen sein.

Soviel über die Verhältnisse der Hausindustriellen im hiesigen Bezirke im allgemeinen; das wesentlichste hierüber muß bei der Verschiedenheit in der Lage der einzelnen Gewerbe im speciellen Teile gesagt werden. —

III.

Specieller Teil.

1. Die Fabrikation von Papierlaternen.

Seit etwa fünfzig Jahren hat sich in Leipzig und Umgegend eine eigenartige Industrie ausgebildet, welche sowohl fabrikmäßig, wie hausindustriell betrieben wird, die Herstellung von Papierlaternen, Luftballons, Kinderfahnen, Papierdrachen, Christbaumschmuck, durch Uhrwerk beweglicher Bilder, kurz eine ganze Reihe von aus Papier und Pappe angefertigten Spielwaren und dergleichen. Ihren Ausgang nahm diese Industrie von der Anfertigung von Papierlaternen, welche Mitte der vierziger Jahre nach chinesischen Mustern durch eine Leipziger Firma im hiesigen Bezirk eingeführt worden sein soll (Bericht der Handelskammer für Leipzig 1886 S. 118), während ein von mir vernommener Hausindustrieller in der nahe bei Leipzig belegenen kleinen Stadt Zwenkau behauptete, sein Vater habe — allerdings um jene Zeit — die von ihm in Frankreich erlernte Herstellung von Papierlaternen hier zuerst eingerichtet. Gegenwärtig bestehen in Leipzig mehrere nicht unbedeutende Geschäfte, welche außer Papierlaternen noch eine ganze Reihe anderer Dekorations- und Cotillongegenstände, Spielwaren u. s. w. herstellen lassen und dabei neben dem Fabrikpersonal (eine solche Firma beschäftigte z. B. 1885 zur Zeit eines befriedigenden Geschäftsganges 20 männliche und 18 weibliche Arbeiter mit Mark 16—22, bezw. 7.50—10 Wochenlohn) noch etwa 150 Hausindustrielle in unserem Bezirke beschäftigen. Größere Fabriken in diesem Gewerbe bestehen noch an den Grenzen unseres Bezirkes in Weißenfels Wurzen und Dresden.

Von Anfang an zeichnete sich das Leipziger Fabrikat durch solide und geschmackvolle Arbeit aus, sodaß es bald einen regen Absatz nach allen Weltteilen fand und wenn auch namentlich seit Mitte der siebziger Jahre die Preise durch die auswärtige Konkurrenz stark gedrückt wurden, so hat doch der Umfang des Geschäftes nicht gelitten. Noch immer gehen die hiesigen Artikel durch ganz Deutschland, nach Holland, Österreich, Frankreich, Italien, Spanien, England, Rußland und Südamerika, welch letzteres sogar ein ganz besonders ergiebiges Absatzgebiet geworden ist. Überhaupt treten die vorwiegend katholischen Länder mit ihren zahlreichen Kirchenfesten als die hauptsächlichsten Käufer auf; leider erschweren nur neuerdings die Zollverhältnisse in Frankreich und Italien das Geschäft nach diesen Ländern. Um so interessanter und erfreulicher ist es, daß die seitens einer hiesigen Firma aus China bezogenen, sehr billigen Laternen dem besseren deutschen, bezw. sächsischen Fabrikat gegenüber das Feld nicht haben behaupten können, ja daß jene Firma unser heimisches Erzeugnis wiederholt nach China ausgeführt hat.

Leider haben, wie gesagt, die Preise mit der steigenden Entwicklung des Geschäftes nicht gleichen Schritt gehalten und es ist daher begreiflich, wenn sich die übrigens keineswegs ungünstige Lage der Hausindustriellen ebenfalls nicht gehoben hat.

In den letzten Jahren ist indes insofern eine Wendung zum Besseren eingetreten, als bei ständiger Schaffung neuer und eigenartiger Muster (welche zum Teil von den Hausindustriellen selbst erfunden werden) zugleich die Nachfrage nach den besseren Laternen in den Mittelpreisen bis zu Mark 4.50 für das Dutzend, deren Herstellung dem Arbeiter einen besseren Verdienst ermöglicht, gestiegen ist. Nachstehend werden einige Preise angegeben, welche gleichzeitig die Mannigfaltigkeit der angefertigten Gegenstände bekunden.

Laternen je nach Größe, Form, Farbe und Verzierung von 40 ₰ bis ℳ 19 für das Dutzend, selbst ℳ 3—4 für das Stück.

Cotillonorden ℳ 1.50—24 für das Gros.

Schützenscheiben ℳ 2.50—100 für 100 Stück.

Dekorationsbilder ℳ 1.20—40 für das Dutzend.

Papierkopfbedeckungen (Mützen, Helme, Baretts u. s. w.) 40 ₰ bis ℳ 9 für das Dutzend.

Fahnen 90 ₰ bis ℳ 7.70 für das Dutzend.

Papierdrachen ℳ 30 für 100 Stück.

Knallbonbons ℳ 4—7.50 für das Gros (übrigens auch bis ℳ 12 für das Dutzend).

Willkommen-Plakate und Karikaturen ℳ 3, resp. 4.15 für 100 Stück.

Guirlanden 30 ₰ für den Meter.

Transparents ℳ 2.40—40 für das Dutzend.

Luftballons ℳ 4.50—24 für das Dutzend.

Die Herstellung dieser Gegenstände in Fabriken hat mit der Schwierigkeit zu kämpfen, daß es auch für diesen Artikel eine „Saison" gibt, ja daß sein Absatz zu bestimmten Zeiten regelmäßig fast ganz ruht. Aus diesem Grunde und bei der Schwierigkeit, für die stille Zeit geeignete andere Arbeit zu finden, soll u. a. eine früher in Weißenfels bestandene Fabrik ganz eingegangen sein. Der Wettbewerb der Fabrikindustrie wird für die Hausindustrie auch aus dem Grunde nicht sehr gefährlich werden, weil die Verwendung der übrigens auch von der Hausindustrie benutzten Maschinen immerhin nur eine sehr beschränkte sein kann, der größte Teil der Arbeit vielmehr von der Hand angefertigt werden muß, überdies von Kindern angefertigt werden kann, und in der Hausindustrie auch thatsächlich angefertigt wird, während die Kinderarbeit in Fabriken strengen gesetzlichen Beschränkungen unterworfen ist.

Unter der etwa drei Monate lang dauernden, in den Winter fallenden stillen Zeit leiden natürlich auch die Hausindustriellen mehr oder minder; doch helfen sie sich zunächst durch Einstellung der Kinderarbeit, hier und da auch durch Entlassung von Gehülfen und wer nicht auf Vorrat arbeiten kann, sucht in der Herstellung von Weihnachtsartikeln, wie Papierguirlanden, Sternen und mit Glimmer bestreuten Tannenzapfen u. s. w. sich einen Verdienst zu erwerben.

Wenigstens ein Drittel der etwa 150 Hausindustriellen unseres Bezirkes wohnt in dem nicht ganz drei Stunden von Leipzig entfernt liegenden Städtchen Zwenkau, wo überhaupt die Hausindustrie auch in anderen Gegenständen — Korbwaren, Cigarren und Filzschuhen — stärker vertreten ist, wie, abgesehen von Leipzig selbst — in vielen anderen Orten unseres Bezirkes. Die Übrigen wohnen in den Dörfern Imnitz, Kotzschbar, Stötteritz u. s. w. zerstreut.

Der Verkehr zwischen den Hausindustriellen und ihrem Arbeitgeber, der stets Fabrikant und Kaufmann zugleich ist, ist ein direkter. Letzterer beschäftigt in seiner Werkstätte entweder nur solche Arbeiter, welche lediglich neue Muster anfertigen, oder an den von Hausindustriellen gelieferten Gegenständen noch Umgestaltungen vornehmen, wie Einziehen von Glasbildern, Gelatinetafeln, Buchstaben u. s. w. oder endlich dieselben Artikel herstellen, wie die Hausindustrie. Die Letztere arbeitet nun in ganz verschiedener Weise. Einige Leute erhalten vom Unternehmer das weiter zu bearbeitende, aber bereits für die verschiedenen Zwecke zugeschnittene Rohmaterial an Papier und Pappe, bemalen dasselbe mit den gewünschten Farben, Einzelfiguren und Bildern und liefern es so wieder ab. Andere schneiden das stets vom Unternehmer gelieferte Papier selbst zu, bemalen und verarbeiten es dann weiter; wieder andere erhalten das Papier zugeschnitten, bemalen und verzieren es und fertigen nach Vorlage die bestellten Gegenstände an. Die beiden letzten Kategorien haben nun selbst wieder eine weitgehende Arbeitsteilung eingeführt und hierdurch ist es ihnen denn möglich geworden, einen auskömmlichen Verdienst in kleinbürgerlicher Existenz zu erzielen. Zu diesem Zwecke arbeitet außer dem Hausindustriellen selbst auch dessen Ehefrau, die erwachsenen und die schulpflichtigen Kinder und beschäftigt er überdies noch eine Anzahl von Gehülfen und Gehülfinnen, sowie fremde Kinder. Er selbst schneidet nach einer Stahlstanze mittelst einer kräftigen Handpresse Papier und Pappe zu, ihm liegt die freihändige, und daher sowohl Fertigkeit wie Geschmack und Farbenverständnis erfordernde Malerei ob, während die übrige Malerei mittelst Schablonen, wie sie die Zimmermaler benutzen, durch Gehülfen und ältere Kinder handwerksmäßig aufgetragen wird, meist in der Weise, daß jedes nur eine einzige bestimmte Farbe aufstreicht. Ein Teil der Malerei wird übrigens auch durch Aufkleben von Bildern ersetzt. Der Hausindustrielle und ebenso auch die Gehülfen legen dann das Papier in die nötigen Falten, kräuseln es, wenn nötig, mit einem hölzernen Geräte, ähnlich dem eisernen Instrumente, welches die Putzmacherinnen z. B. zum Fälteln der Stoffe benutzen, oder auch mittelst von Hand bewegter geriffelter eiserner Walzen, biegen es dann in die für die Laterne erforderliche Form und schneiden die der letzteren den Halt gebenden beiden Pappstreifen zu. Diese Streifen werden dann gelocht und von den jüngeren Kindern mittelst Bindfaden oder Draht an den Laternen u. s. w. befestigt. Die Weißblechtillen, in welche die Lichter der Laternen eingesteckt werden, liefert teils der Unternehmer, teils fertigt sie der Hausindustrielle selbst an, indem er das Weißblech mittelst einer Handschere in schmale Streifen schneidet und diese dann um ein Eisen von entsprechender Stärke rollt, ihnen so die nötige Rundung zur Tille gebend. —

Dies ist der Arbeitsgang bei Herstellung von Laternen; aber auch bei den anderen Gegenständen ist im Zuschneiden, Bemalen, Pressen, Leimen, Aufkleben und Zusammenheften die strengste Arbeitsteilung durchgeführt.

Man sieht, die ganze Arbeit erfordert keine besondere körperliche Anstrengung, und namentlich ist der den Kindern obliegende Teil derselben, der im Aufstreichen von Farben und Zusammenheften von Papier- und Pappestreifen besteht, eine solche, daß sie fast spielend ausgeführt wird, auch das Auge nicht anstrengt, der Mannigfaltigkeit der Gegenstände und Farben wegen auch nicht eintönig und geistestötend ist, vielmehr den Kindern geradezu Freude bereitet, sodaß sie sich förmlich zur Arbeit drängen. Die Anwendung von nur giftfreien Farben schließt auch jeden gesundheitlichen Nachteil aus. Noch schulpflichtige Kinder werden höchstens 4 Stunden täglich in dieser Weise beschäftigt, meist aber nur 1—2 Stunden lang und auch dies nicht einmal das ganze Jahr hindurch, sondern nur soweit überhaupt Arbeit für sie vorliegt, was namentlich während der Wintermonate nicht der Fall ist. Auch ist ihre tägliche Beschäftigung keine anhaltende, wird vielmehr von ihnen nach Belieben unterbrochen. — Die Kinder erhalten je nach Alter und Geschicklichkeit 4—5 Pf. für die Stunde, und ist es in Zwenkau vielfach üblich, ihnen, resp. ihren Eltern das Geld nicht bar auszuzahlen, sondern auf ein Sparkassenbuch anzulegen. — Gehülfen und Gehülfinnen arbeiten im Zeitlohn 11 Stunden, bei zahlreichen und dringlichen Aufträgen auch wohl 13 Stunden täglich; sie erhalten anfangs ℳ 4.50 Wochenlohn und steigen bis ℳ 9, Männer auch bis ℳ 10 und 12. — Sie wohnen und beköstigen sich im eigenen Heim, zahlen für Wohnung und Kost, sofern ihnen diese von den Eltern gewährt werden, was meist der Fall ist, etwa ℳ 4—5 in der Woche und sind auf Kosten ihres Arbeitgebers bei der Ortskrankenkasse versichert.

Selbstverständlich hält der Hausindustrielle, der ja verhältnismäßig zahlreiche Hände beschäftigt, eigene Arbeitsräume, die freilich meist nicht übermäßig geräumig sind. So sah ich z. B. eine Werkstätte, die höchstens 36 Kubikmeter Luftraum hatte; in derselben stand eine Handpresse zum Schneiden von Papier und Pappe, die sehr wenig Raum einnehmende Handmaschine zum Kräuseln des Papiers, und arbeiteten der Hausindustrielle, seine Frau, ein Mädchen von etwa 20, ein zweites Mädchen und ein Knabe von etwa 16 Jahren, und 3 schulpflichtige Kinder. In einem Korb auf einem kleinen Sopha lag ein erst wenige Wochen altes Kind, und an den Wänden hingen zahlreiche Bauer mit Kanarien- und anderen Singvögeln. Daß die Luft hier nicht die reinste und beste sein konnte, liegt auf der Hand, doch war von Farben-, Kleister- oder Leimgeruch nichts zu bemerken.

Es kommt mitunter vor, daß Hausindustrielle auch noch außerhalb ihrer eigenen Wohnung Arbeiter beschäftigen; es sind dies, soweit ich ermitteln konnte, stets frühere Gehülfinnen, welche sich inzwischen verheiratet haben und nunmehr neben der Führung des eigenen Haushalts noch das frühere Gewerbe fortsetzen. Eine solche Frau verdient zwischen ℳ 7—8 in der Woche.

Die Löhne der Hülfskräfte sind in den letzten Jahren gestiegen, so

z. B. diejenigen der Kinder um 1 Pf. für die Stunde, also um 20—25 %. Die Zahl der Hülfskräfte ist eine sehr verschiedene; mitunter beschäftigt der Hausindustrielle nur seine eigenen Familienmitglieder, mitunter aber neben denselben noch 3—4 Gehülfen, häufig auch weit mehr. So fand ich z. B. einen Mann, der einschließlich seiner aus 5 Köpfen bestehenden Familie nicht weniger wie 22 Personen beschäftigte — darunter 13 Erwachsene, und zwar hat er, nach seiner eigenen Aussage für das Personal das ganze Jahr hindurch Arbeit, da ihn seine Verträge mit den Unternehmern in die Lage setzen, während der stillen Zeit auf Vorrat zu arbeiten. Er besitzt ein eigenes, freundliches Haus, verfügt über ein wenn auch kleines Betriebskapital und verschafft sich noch einen weiter unten zu besprechenden Nebenverdienst.

Die Hausindustriellen klagen über Mangel an Arbeitskräften, da die Gehülfen mit dem geringen Anfangslohn nicht zufrieden seien und oft auch ohne besondere Veranlassung den Beruf wechselten, eine leidige Folge der reichlichen Arbeitsgelegenheit in den zahlreichen Fabriken Leipzigs und seiner Umgebung.

Soweit Maschinen verwandt werden, sind sie Eigentum des Hausindustriellen; da ihm der Unternehmer nur Papier und Pappe liefert, muß er alle übrigen Erforderniſſe, wie Farben, Leim, Kleister, Zwirn, Draht, Blech u. s.w.. selbst beschaffen, entnimmt dieselben aber nicht von seinem Arbeitgeber, sondern kauft sie beliebig ein. Die Einnahme wächst mit der Zahl der vom Hausindustriellen beschäftigten Hülfskräfte und der Vervollkommnung in Durchführung einer strengen und weitgehenden Arbeitsteilung. Der Arbeitgeber bezahlt ihn nach Dutzenden der abgelieferten Ware, für Laternen z. B. mit 12—50 Pf. für das Dutzend; das alleinige Bemalen des Papiers wird mit ℳ 1,60 bis ℳ 20 für das Ries bezahlt. Ein solcher Maler verdient mit Frau und 2 Kindern ℳ 3000 im Jahre und verbleiben ihm hiervon nach Bestreitung der Auslagen für Farben, Pinsel u. s. w. reichlich ℳ 1000. Hausindustrielle, welche das bereits zugeschnittene Papier geliefert erhalten und mit Frau, Kind und vielleicht 2 Gehülfen arbeiten, kommen auf ℳ 2500 Bruttoeinnahme, von welchen circa ℳ 1290 für Arbeitslöhne und Material abgehen. Auch solche Hausindustrielle, welche das Papier selbst zuschneiden, kommen bei Mitarbeit der Familie und von Gehülfen auf einen reinen Jahresverdienst von ℳ 1000—1200; ohne Gehülfen und bei einer aus 3 Köpfen bestehenden Familie auf etwa ℳ 850. — Die tägliche Arbeitszeit beträgt dabei 11 Stunden, doch wird nicht selten auch 13 Stunden lang gearbeitet.

Die Ablieferung und Abrechnung mit den Unternehmern erfolgt jeden

Sonnabend bei sofortiger Barzahlung; die Löhne sind in den letzten Jahren gefallen, doch ist der Verdienst der Hausindustriellen ziemlich derselbe geblieben, da diese aus Anlaß des gesunkenen Lohnes minderwertiges Material an Leim, Kleister u. s. w. verwenden; vor allem aber infolge davon, daß sie sich nach Möglichkeit bemühten, immer neue und originelle Muster zu erfinden, welche besser bezahlt werden. — Wenn auch manche Hausindustrielle ein eigenes Häuschen besitzen, so ist doch landwirtschaftlicher Nebenerwerb nur selten, doch verschaffen sich einzelne durch Züchtung von Kanarienvögeln, Tauben und Hunden, und durch Handel mit diesen Tieren noch einen weiteren Verdienst, welcher u. a. bei einem Hausindustriellen, der Hunde züchtete, sich auf mehre hundert Mark im Jahre belief. Die Leute sind durchgängig zufrieden, führen ein gutes, kleinbürgerliches Dasein und machen entschieden den Eindruck, daß sie sich wohlbefinden.

Der Unternehmer bezieht die zu verarbeitenden Rohstoffe, soweit es sich um weißes Papier und um Pappe handelt, meist aus dem sächsischen Erzgebirge und der Lausitz, die Bilder aus Neu-Ruppin und Magdeburg, sog. Buntdruck-Chromos aus Breslau. Laternen, aus Stoff und Draht gefertigt, werden im hiesigen Bezirke nicht hergestellt, sondern vom Rhein bezogen, können aber den Papierlaternen gegenüber nicht recht aufkommen. Wie schon gesagt, klagen die Unternehmer über starke Konkurrenz der auswärtigen Fabriken, die sich auch dadurch bemerkbar machen soll, daß die im Musterregister gerichtlich eingetragenen neuen Muster unter Anbringung geringfügiger Abänderungen vielfach nachgeahmt werden sollen. Und doch ist es unbedingt notwendig, ständig neue und eigenartige Muster an den Markt zu bringen und zwar wenn möglich solche, die den Hausindustriellen auch während der Wintermonate lohnende Arbeit verschaffen. Im allgemeinen hoffen die Unternehmer auf eine gute Zukunft für ihr Geschäft, an welcher dann auch die Hausindustriellen teilnehmen würden. —

2. Korbmacherei.

Noch im Berichte der ehemaligen Handels- und Gewerbekammer zu Leipzig für die Jahre 1865 und 1866 wird hervorgehoben, daß die Fabrikation von Korbwaren und der Handel mit denselben in Leipzig eine immer größere Bedeutung gewinnen; nicht nur daß die hiesigen Erzeugnisse ihren Absatz durch ganz Deutschland fänden, zum Teil sogar nach dem Auslande gingen, dadurch daß in Leipzig auch die Thüringer Fabrikate vertrieben würden und das bedeutende Meßgeschäft fast ausschließlich durch hiesige Fabrikanten und Großhändler vermittelt werde, könne Leipzig mit Recht sogar als Hauptsitz der deutschen Korbwarenbranche angesehen werden.

Wie ganz anders heute! Der Handel in Korbwaren ist zwar noch immer ein bedeutender, aber er hat doch nicht wenig an Umfang und damit Leipzig seine Bedeutung als Hauptsitz des Geschäftszweiges eingebüßt und wie traurig sieht es erst mit der Fabrikation und den in ihr beschäftigten Personen aus! In der Nr. 11 des Jahrganges 1889 der deutschen Korbmacher-Zeitung findet sich ein von einem Korbmacher aus dem Städtchen Zwenkau herrührender Artikel: „Unsere Lage". Dort wird ausgeführt, daß der Korbmacher unter Mithülfe seiner Ehefrau es bei 16stündiger Arbeitszeit höchstens auf *M* 800 jährlichen Verdienst bringen könne; hiervon gingen allein für Miete, Heizung, Beleuchtung, Schulgeld, Steuern u. dergl. nicht weniger wie *M* 312 ab, so daß für Ernährung und Bekleidung der ganzen Familie nur *M* 488 verblieben. Da nun die meisten Korbmacherfamilien aus 7—8 Köpfen bestünden, so gelange man zu folgendem Schluß:

„Entweder gewöhnt sich eine solche Familie das Essen ab, damit sie nicht nackend einher zu laufen braucht, oder sie muß nackend gehen, um wenigstens soviel essen zu können, daß es zum Verhungern zuviel ist!"

Wenn ich nun auch diese Schilderung nach den angestellten Erhebungen und auch nach persönlicher Rücksprache mit dem Verfasser derselben namentlich bezüglich der Arbeitszeit für eine wenigstens etwas übertriebene halte, so enthält sie doch viel Wahres und thatsächlich läßt sich nicht bestreiten, daß das einst in unserem Bezirke so blühende Korbmachergewerbe völlig darniederliegt und — worauf es für die Zwecke dieser Arbeit allein ankommt — vor allem die Hausindustriellen dieses Erwerbszweiges in vielen Fällen ein geradezu klägliches Dasein führen. Schon in dem Berichte der Gewerbekammer zu Leipzig für das Jahr 1880 wird gesagt, daß das hiesige Korbmachergewerbe speciell durch die Geschäftsmanipulationen der Großindustrie in dem dicht an der Grenze unseres Bezirkes liegenden Zeitz schwer geschädigt werde und die Berichte der Jahre 1886 und 1888 fügen noch hinzu, daß auch die inzwischen an anderen Orten Deutschlands (z. B. Brandenburg) entstandene Großindustrie, ferner die Zuchthausarbeit, das Hausierwesen und die in zahlreichen Korbflechterschulen ausgebildeten, mit körperlichen oder geistigen Gebrechen behafteten, zu sehr niedrigen Löhnen arbeitenden Personen den Kleinmeistern des hiesigen Bezirkes die Konkurrenz fast unmöglich machen. —

Das Korbmachergewerbe in hiesiger Gegend ist ein sehr altes; begünstigt wurde seine Entstehung durch die an den Ufern der Elster, Mulde und Elbe wachsenden vorzüglichen Weiden, deren Kultur auch heute noch eifrig betrieben und gefördert wird. Ebenso wohnen auch heute noch in unserem Bezirke und den angrenzenden Teilen der preußischen Provinz Sachsen zahlreiche Korbmacher; der Hauptsitz des Gewerbes in ersterem ist aber von jeher das Städtchen Zwenkau gewesen, wo bereits 1685 eine gegenwärtig noch, wenn auch unter veränderten Bedingungen bestehende Innung ins Leben gerufen wurde. Leider ist der größte Teil der Innungsakten durch eine Feuersbrunst, welche im Jahre 1712 fast die ganze Stadt in Asche legte, vernichtet worden und die noch vorhandenen Akten enthalten wenig von Belang. So bestimmt eine Specifikation der Kosten bei Aufdingung und Lossprechung der Lehrjungen aus dem Jahre 1713, daß aus diesem Anlaß 12 Meister „mit ein gericht gesotten und gebraten fleisch benebst einem Drunk einheimisch bier“ gespeist werden sollen, aber es wird nicht gesagt, daß die Innung damals überhaupt nur 12 Meister gezählt habe. Dieselbe hatte, da Zwenkau dem Stifte Merseburg gehörte, von diesem das Recht erhalten, ihren Bedarf an „Korbbiegel“ und das „aspene Scheitholz“ gegen Zahlung der Kammertaxe aus den Stiftswaldungen zu entnehmen; sie durfte ihre Waren auch außer der Messe frei und ungehindert nach Leipzig führen und dort verkaufen und im ganzen Stift Merseburg waren nur solche Korbmacher zugelassen, welche der Innung zu Zwenkau angehörten; auch durften sie ihr Gewerbe nur in den Städten und nicht in den Dörfern ausüben. Die im Jahre 1735 vom Herzog Heinrich von Sachsen, „Administrator des Stifts Merseburg“ „konfirmierten“ Innungsstatuten schreiben für denjenigen, welcher der Innung als Meister beitreten wollte, eine 3jährige Lehr- und eine 3jährige Wanderzeit vor; nach Ablauf der letzteren mußte er noch ein Jahr „unzertrennt“ als Geselle bei einem jüngeren Meister, „der es mit der Hauptlade zu Zwenkau hält“, arbeiten und durfte während dieses Jahres ohne dringende Veranlassung und ohne Wissen seines Meisters keine Nacht außer dem Hause desselben zubringen oder sich einen „guten Montag“ machen. Als Meisterstücke wurden verlangt: „ein guter, tüchtiger Wagenkorb, ein viereckter Korb mit Decke und ein gebundener Handkorb“. Jeder Meister durfte nur 2 Gesellen und 1 Lehrling halten; wer keine Lehrjungen beschäftigte, konnte 3 Gesellen halten. Wie streng man in jener Zeit auf die Ehrbarkeit des Handwerks sah, geht aus der Bestimmung hervor, daß, wenn eine Meisterstochter bei ihrem Vater das Handwerk erlernt, „sich aber durch fleischliche Vermischung um ihre Ehre gebracht habe, dieselbe sich hernachmahls der Korbmacher-Arbeit zu enthalten haben solle“. Als im Jahre 1759 ein derartiger Fall eintrat und die Innung bei dem Stifte Merseburg (das inzwischen dem Kurfürstentum Sachsen zugefallen war) dahin vorstellig wurde, daß der betr. Meisterstochter die Ausübung des Korbmacherhandwerks untersagt werden möge, wurde sie von den „verordneten Kanzler und Räten ab und zur Ruhe verwiesen“, weil „Sr. Pohlische Majestät u. Churfürstl. Durchlaucht in Sachsen die Innungsartikel nicht konfirmiert habe“. — Die am 22. Febr. 1837 von der Königl. Sächs. Kreisdirektion zu Leipzig bestätigten neuen Innungsartikel schrieben ebenfalls eine 3jährige Lehrlings- und 3jährige Wanderzeit vor und verlangen als Meisterstücke einen viereckigen Kinderwagen, einen desgl. Tischkorb und einen ovalen Waschkorb. 1842 zählte die Innung 26 Meister, 1885 deren 28; gegenwärtig umfaßt sie in den Städten Zwenkau, Markranstädt und Pegau 38 Meister, von welchen 28 in Zwenkau wohnen und etwa 40 Gehülfen beschäftigen. Außer der Innung stehen daselbst noch 5 Meister mit 6 Gehülfen. Während nach dem Berichte der Gewerbekammer für Leipzig für 1880 noch etwa 200 Personen in Zwenkau allein dem Korbmachergewerbe oblagen, sollen jetzt in unserem ganzen Bezirke nur noch etwa 130 Menschen in dieser Weise beschäftigt sein, doch halte ich diese Angaben für zu niedrig gegriffen.

Die früher im Anschluß an die Innung errichtete Kranken- und Begräbniskasse existiert nicht mehr; an ihre Stelle ist die Ortskrankenkasse getreten. Die jetzt in Kraft befindlichen und auf Grund der §§ 97 flgd. der Gewerbeordnung von der Kgl. Kreishauptmannschaft zu Leipzig am 16. Mai 1885 bestätigten Innungsstatuten verlangen ebenfalls 3jährige Lehr- und Gesellenzeit, beschränken die Zahl der Lehrlinge, welche ein Meister halten darf auf 3, während bezüglich der Gesellenzahl keine Beschränkung auferlegt wird, und schreiben als Meisterstück die Anfertigung eines verkäuflichen Gegenstandes des Korbmacherhandwerks vor.

Auch in Leipzig besteht noch jetzt eine Korbmacherinnung, deren frühere Akten leider ebenfalls verloren sein sollen; gegenwärtig gehören derselben 17 Meister an, die aber nicht sämtlich als Hausindustrielle in unserem Sinne anzusehen sind, ebensowenig wie die 16 außer der hiesigen Innung stehenden Meister.

Angefertigt werden in unserm Bezirke Kinderwagen, Blumentische, Kleiderfiguren, Reise-, Hand- und Papierkörbe, Stühle u. s. w. und beschäftigen die hiesigen Unternehmer, die gleichzeitig Fabrikanten und Kaufleute sind, je nach dem Umfange ihres Geschäftes neben einer Anzahl Hausindustrieller — sog. Liefermeister — noch ca. 1—6 Arbeiter in der eigenen Werkstatt, beziehen aber außerdem noch einen großen Teil ihres Bedarfs aus Bayern und Brandenburg, oder lassen in den Zuchthäusern zu Münster und Hamm i. W. arbeiten. — Die Zwenkauer Meister liefern zum größten Teile für die in Zeitz bestehenden Kinderwagenfabriken die zu den Wagen nötigen Körbe, also nur Halbfabrikate, welche in jenen Fabriken erst fertiggestellt werden.

Das Rohmaterial — außer Weiden noch spanisches und italienisches Rohr — kaufen sich die Hausindustriellen selbst und erhalten hierzu in einzelnen Fällen von ihren Arbeitgebern einen Vorschuß, der bei Ablieferung der bestellten Waare nach und nach gekürzt wird. Das Rohr wird in Leipziger Handlungen gekauft, der Bedarf an Weiden teils aus der nächsten Umgebung, teils aus Schlesien bezogen. So verarbeitet Zwenkau jährlich etwa 1800 Ctnr. Weiden, von welchen $^1/_3$ Elster- und $^2/_3$ schlesische Weiden sind. Nur selten werden die Elsterweiden auf dem Stamm gekauft. Die in letzter Zeit gestiegenen Preise richten sich nach Stärke und Gewicht; so kostet z. B. der Centner $4^1/_2$ mm starker Weiden augenblicklich ℳ 15, und liegen die Preise für die gangbarsten Sorten geschälter Weiden zwischen ℳ 10, 12, 14 und 16 für den Centner. Je geringer die Stärke, desto höher der Preis, doch stellt sich auch für die ganz besonders starken Sorten der Centnerpreis höher; hier und da werden auch Binsen verwandt.

Die etwa auf dem Stamm gekauften Weiden müssen im Frühjahr im Saft geschnitten und geschält werden, was dann die Ehefrauen und schulpflichtigen Kinder der Hausindustriellen besorgen. Die nicht auf dem Stamm gekauften Weiden sind bereits geschält, werden von den Frauen und Kindern nach der Stärke sortiert und dann getrocknet. 24 Stunden vor dem Gebrauch wird das jeweilig benötigte Quantum in kaltem Wasser eingeweicht und feucht verarbeitet, woraus sich der bei den Korbmachern häufig beobachtete Rheumatismus erklären dürfte. Besondere Arbeitsräume sind durchaus nicht immer vorhanden, die Beschaffung derselben würde auch mit den erzielten Preisen nicht überall zu ermöglichen sein. Die von den erwachsenen Arbeitern hergestellten Waren werden dann von der Ehefrau und den Kindern noch verputzt, d. h. die aus dem Geflecht hervortretenden Weidenenden abgeschnitten. Das Anstreichen und Beizen der Körbe erfolgt meist in der Fabrik, resp. bei dem Unternehmer, und nur weiße Korbwaren, sog. Marktarbeit, wird noch von Hausindustriellen geschwefelt, d. h. in einem im Freien stehenden, geschlossenen Kasten Schwefeldämpfen ausgesetzt. In den selteneren Fällen, in welchen der Hausindustrielle auch das Beizen und Anstreichen besorgt, geschieht dies ebenfalls im Freien; schlimm genug aber ist es, daß das Verarbeiten der feuchten Weiden vielfach in Räumen erfolgt, in welchen die ganze Familie wohnt, ißt und zum Teil auch schläft. Namentlich die ohne Gehülfen arbeitenden Meister besitzen keine besonderen Werkstattsräume. In Leipzig selbst haben die hausindustriellen Meister allerdings sämtlich besondere Werkstätten; sie arbeiten aber auch zum großen Teile nicht nur auf Bestellung, sondern auch für ein eigenes Ladengeschäft. Zum Spalten und Hobeln der Weiden wird eine kleine Handmaschine benutzt, die sich der Hausindustrielle selbst beschafft und im Preise je nach Größe und Ausführung zwischen ℳ 75—180 schwanken soll. Außerdem werden zahlreiche, meist aus Stahl gefertigte Werkzeuge gebraucht, wie Schienenhobel, sog. Schmähler, Scheeren, Schnitzer, Ausstecher, Pfriemen, Vorstecher, Zangen, Sägen u. s. w. — Daß und in welcher Weise Ehefrauen und Kinder der Hausindustriellen mit beschäftigt werden, ist bereits gesagt; der Umfang der Thätigkeit der ersteren richtet sich nach der Größe des Haushalts; die letzteren werden in der schulfreien Zeit mit herangezogen und müssen beide allerdings soviel wie nur irgend möglich helfen, den an sich so geringen Verdienst etwas zu verbessern.

Die Zahl der vom Hausindustriellen gehaltenen Gehülfen ist eine sehr verschiedene und jedenfalls gegen früher sehr zurückgegangen; während z. B. in Zwenkau der einzelne Meister früher bis zu 24 Gehülfen beschäftigte, halten jetzt die größeren dortigen Meister nur 7 Gesellen, viele nur einen oder zwei, manche aber gar keinen. Auch die Leipziger Meister halten nur 2 Gesellen. Lehrlinge, die gegen Gewährung von Kost und Wohnung 3 Jahre lang lernen müssen, aber kein Lehrgeld bezahlen, sind bei der gedrückten Lage des Gewerbes kaum mehr zu erhalten. Allerdings könnten gebrechliche Personen als Lehrlinge in genügender Zahl eingestellt werden, um aber deren durch die geringwertige und billige Arbeit herbeigeführten Konkurrenzdruck zu beschränken, hat die Innung zu Zwenkau das Anlernen von mit geistigen oder körperlichen Gebrechen behafteten Personen ihren Mitgliedern untersagt.

Die Gehülfen arbeiten im Stücklohn und erhalten je nach der Art der Arbeit z. B. für ovale Körbe ℳ 1,10 — 1,30, und für eckige Körbe bis ℳ 1,50 für das Stück; für außergewöhnlich feine Arbeit mit besonderen Verzierungen kommen auch Stücklöhne bis ℳ 6 und 7 vor. Der Durchschnittswochenverdienst eines Gehülfen beträgt in Zwenkau ℳ 10 bis höchstens ℳ 12. Davon muß er, der nur in seltenen Fällen beim Meister wohnt oder von ihm verköstigt wird, für Wohnung und Kost mindestens ℳ 7 aufwenden, und es ist sonach begreiflich, daß einesteils sich immer weniger Personen dem Korbmacherhandwerk zuwenden, und anderenteils die Gehülfen in Zwenkau fast alle dasselbe während der Sommermonate aufgeben, um in den dortigen zahlreichen Ziegeleien gegen einen Wochenlohn von ℳ 20 zu arbeiten. — Leipziger Meister allerdings müssen, um nur überhaupt Gehülfen zu erhalten, einen Wochenlohn von ℳ 15—16 aufwenden.

Der Hausindustrielle selbst wird vom Unternehmer ebenfalls nach Stück bezahlt, so z. B. für ovale Kinderwagenkörbe mit ℳ 2,25 bis ℳ 2,60, für viereckige mit ℳ 3,20 für das Stück. Ein allein arbeitender Meister kann bei mindestens 12stündiger täglicher Arbeitszeit höchstens auf ℳ 600 jährlichen Reinverdienst kommen; je nach der Zahl der beschäftigten Gehülfen und bei Mitarbeit der Familienmitglieder stellt sich im besten Falle der Verdienst auf ℳ 900—1000, doch ist das schon recht selten. So hatte z. B. ein 6 Gehülfen beschäftigender Meister einen Jahresumsatz von ℳ 6000 bei einem Aufwand von je ℳ 2500 für Rohmaterial und Arbeitslöhne. Ein anderer, sehr geschickter und von der Ortsbehörde mir als besonders zuverlässig empfohlener Meister, der einen Gehülfen beschäftigt, fertigt mit diesem zusammen (die Ehefrau kann bei 6 kleinen Kindern nicht mitarbeiten) im Jahre etwa 500 Wagenkörbe an, für welche ihm der Unternehmer ℳ 1800 zahlt. Hiervon hat er für Beschaffung der Weiden ℳ 500, und für Gehülfenlohn ℳ 520 zu zahlen, so daß ihm nur ℳ 780 verbleiben, und hiervon soll er neben den Kosten für Werkzeug, Beize u. s. w. den ganzen Lebensunterhalt für sich, seine Frau und 6 Kinder bestreiten. Für seine aus Küche, Kammer, Stube und Bodenraum bestehende Wohnung muß er ℳ 120 Jahresmiete zahlen, ℳ 10,50 hat er jährlich an Staats- und Gemeindesteuern zu entrichten und ℳ 5 werden wöchentlich allein für Brod verbraucht. Für 8 Köpfe wird täglich — außer Montag und Sonnabend, an welchen Tagen kein Fleisch auf den Tisch kommt — $^1/_2$ Pfd. Fleisch gekocht und beträgt der durchschnittliche Wochenaufwand für die gesamte Ernährung ℳ 13. Nur alle 2 Jahre im besten Falle kauft sich der Meister einen billigen Anzug in einem Kleidermagazin; irgend welcher Aufwand für ein Glas Bier z. B. gehört zu den Seltenheiten und einzig in der Mitgliedschaft bei einem Kriegerverein besteht die Erholung und das Vergnügen des Mannes. Er ist jetzt 40 Jahre alt, hat mit 25 Jahren seine damals 21jährige Frau, die früher Näherin war, geheiratet, seine 6 Kinder stehen im Alter von $^1/_2$—10 Jahren, und ist die Familie bis jetzt von Krankheit verschont geblieben. Was soll aber werden, wenn ein derartiger Fall eintritt, der vielleicht gar den Ernährer selbst betrifft! Der Mann hat früher als Geselle gearbeitet, sich seit 4 Jahren selbständig als Meister etabliert und in diesen 4 Jahren ℳ 400 Schulden bei dem Unternehmer gemacht, für welchen er arbeitet. Da er einsieht, daß er diese Schuldenlast in seinem jetzigen Berufe niemals abarbeiten kann, wollte er denselben aufgeben und war ihm seitens einer Bierbrauerei ein weit besserer Verdienst zugesagt worden. Auf die hiervon seinem Arbeitgeber und Gläubiger gemachte Mitteilung verlangte dieser sofortige Deckung der Schuld, und da der unglückliche Meister hierzu nicht im stande war, verblieb er bei dem erlernten

Gewerbe, arbeitet für denselben Unternehmer weiter und resigniert sagte mir der einen ganz vorzüglichen Eindruck machende Mann: „Ich muß so fortarbeiten und wenn mir Herr . . . (der Arbeitgeber) morgen sagte, für die Körbe, welche ich dir heute mit *M* 3,50 das Stück bezahle, kann ich dir jetzt nur noch *M* 3 geben, so muß ich das auch hinnehmen!"

Man glaube ja nicht, daß ich hier nur einen vereinzelt dastehenden Fall schildere· leider ließen sich noch mehr, ja allzuviele derartige Beispiele anführen und selbst die größeren Meister, welche das Geschäft von ihren Vätern und Großvätern, und damit noch einen Rest des früheren Wohlstandes ererbt haben, befinden sich zum mindesten in keiner befriedigenden Lage, welche durch sogleich zu besprechende Umstände noch verschlechtert wird. — Augenblicklich haben sich zwar die Verdienste dadurch etwas gebessert, daß wenigstens für feinere Arbeit ein um 10 % höherer Preis gezahlt wird, allein es erscheint fraglich, ob dieser Aufschlag Bestand haben wird, da zu viele Korbmacher (namentlich in der preußischen Provinz Sachsen) ohne regelmäßige größere Abnehmer sind und um nur leben zu können, allwöchentlich die Unternehmer in Leipzig, Zeitz u. s. w. mit ihrer Ware überlaufen und schließlich um jeden Preis losschlagen.

Die A b l i e f e r u n g d e r W a r e erfolgt, sofern sie nach Leipzig geht, während der Messe wöchentlich, sonst unregelmäßig, oft in 2—3 Monaten nur einmal. Und selbst dann bekommt der Liefermeister mitunter nicht sofortige Zahlung, sondern muß dem Unternehmer, der vielleicht ebenfalls keine besonderen Geschäfte macht, noch längere Zeit kreditieren, während er doch selbst das Rohmaterial und den Gehülfenlohn längst bezahlt hat. — Ganz entschieden zn tadeln aber ist das Verfahren der großen Kinderwagenfabrikanten in Zeitz, welche den Meistern die von ihnen gelieferte Ware in der Regel nur zu 1/3 in bar, und zu 2/3 mit langsichtigen, vielfach noch dazu auf kleine Plätze laufenden Wechseln bezahlen, so daß ein Diskontieren derselben unter 7—8 % gar nicht möglich ist. Der an sich schon geringe Verdienst wird dadurch nochmals und zwar sehr empfindlich geschmälert und wenn es gar vorgekommen sein soll, daß einzelne dieser Fabrikanten dem Liefermeister überhaupt so lange jede Zahlung verweigert haben, bis sie dieselbe mit einem größeren Wechsel bis zum Betrage von *M* 1000 leisten könnten, so kann ich das nur als eine durchaus verwerfliche Maßregel bezeichnen. Überhaupt klagen die Meister sehr über die Behandlung, welche sie seitens der Zeitzer Fabrikanten erführen, „die es ganz vergessen hätten, daß sie nur durch die Zwenkauer Korbwarenindustrie groß geworden seien." —

Während in der Gegend von Torgau und Wittenberg das Korbmachergeschäft als Nebengewerbe neben der Landwirtschaft betrieben wird, besteht eine solche Verbindung im hiesigen Bezirke nur in sehr geringem Umfang, würde auch bei der mindestens 12stündigen täglichen Arbeitszeit kaum möglich sein. Allerdings ist die Beschäftigung nicht das ganze Jahr hindurch eine gleichmäßige, sie läßt aber doch keine andere Verdienstmöglichkeit zu, da der Großunternehmer den Hausindustriellen während der stillen Zeit auf Vorrat arbeiten läßt und ihm nur unter dieser Bedingung Beschäftigung zuweist.

Daß Korbwaren anderwärts fabrikmäßig hergestellt werden, so in Bayern und Brandenburg, ist schon gesagt worden und ist diese Konkurrenz eine recht empfindliche. Während z. B. früher nach Rothenburg a. d. T. jährlich etwa 15000 Körbe aus dem hiesigen Bezirke geliefert wurden, sollen jetzt fast eben so viele von dort hierher kommen.

Der Verkehr zwischen den Hausindustriellen und den Unternehmern, die teils Kaufleute, teils Fabrikanten sind, ist ein direkter. Die Letzteren nehmen an der gelieferten Ware insofern noch eine Weiterverarbeitung vor, als sie die Körbe noch beizen und lackieren, die Wagenkörbe auf die Gestelle bringen und sie mit Besatz und Vorhängen versehen. Diese sog. Tapeziererarbeit wird nirgends hausindustriell hergestellt. — Ein Teil der Hausindustriellen — jedenfalls die am schlechtesten gestellten — lassen ihre Waren durch Familienmitglieder hausieren und drücken so noch mehr auf die Preise. Über den Stand der letzteren klagen übrigens auch die Unternehmer, namentlich diejenigen für Hand- und Reisekörbe sollen sehr zurückgegangen sein. Für Kinderwagen werden ℳ 9—100, für Reisekörbe ℳ 3—16, für Blumentische ℳ 3—20, für Waschkörbe ℳ 1—5, für Deckelkörbe 50 Pf. bis ℳ 5, für Kleiderfiguren ℳ 1,25 — ℳ 6, und für Lehnstühle ℳ 3—25 bezahlt.

Der Absatz der Leipziger Unternehmer ist teils ein lokaler, teils geht er durch ganz Deutschland; durch Vermittlung der Messe wird auch nach Afrika und Südamerika exportiert, namentlich Kinderwagen; doch ist das überseeische Geschäft fast ganz in den Händen von Zeitz und Brandenburg.

An einem speciellen Fall ist bereits gezeigt, wie ärmlich die Lebenshaltung des Korbmachers ist; im allgemeinen kann man sagen, daß sie weit hinter derjenigen der Fabrikarbeiter im hiesigen Bezirke zurücksteht, trotzdem Frau und Kinder mitarbeiten. Selbst die größeren Meister, welche von den Voreltern noch einen kleinen Besitz ererbt haben, müssen sich Einschränkungen auferlegen; Kartoffeln sind auch hier das Hauptnahrungsmittel, und Krankheit oder gar ein Verlust bei dem Unternehmer würde bei den meisten Korbmachern den sofortigen Ruin zur Folge haben.

Den Niedergang der einst so blühenden Industrie herbeizuführen, haben verschiedene Umstände zusammengewirkt. In anderen Gegenden Deutschlands hat sich im Laufe der Zeit das Korbmacherhandwerk sehr gehoben, und zwar vielfach unter staatlicher Beihülfe, welche der Weiden-Anpflanzung und Kultur besondere Sorgfalt widmete und Flechtschulen ins Leben rief. Mit der Entwicklung und Verbesserung der Verkehrsmittel machte sich der Wettbewerb der außersächsischen Industrie auf dem Leipziger Markt immer fühlbarer und zwar um so mehr, als er vielfach von Gegenden ausging, in welchen noch niedrige Arbeitslöhne gezahlt werden, während diese in der immer industrieller sich gestaltenden Umgegend Leipzigs ständig und zum Teil beträchtlich gestiegen sind. Außer dem Wettbewerb der freien Arbeit trat dann noch in großem Umfange die Zuchthausarbeit auf und machte sich nicht nur durch niedrige Preisstellung, sondern auch im Gegensatz zu manchen andern Erzeugnissen der Gefängnisarbeit durch reiche Auswahl in den verschiedensten Mustern und geschmackvolle Ausführung empfindlich geltend. Hiesige und tüchtige Meister versicherten mir, es sei ihnen nicht möglich, in dieser Beziehung mit manchen Erzeugnissen der westfälischen Strafanstalten zu konkurrieren. —

Nicht minder schwer drückt auf den hiesigen Bezirk das Angebot aus der benachbarten preußischen Provinz Sachsen, wo, wie bereits bemerkt, das Korbmachergewerbe neben der Landwirtschaft betrieben wird, und von wo aus größere Unternehmer und Private durch Hausierer überlaufen werden.

Aber auch die hiesigen Korbmacher sind selbst nicht ohne Schuld; was ihnen vor allem not thut, ist Einigkeit, und die wäre doch um so leichter herzustellen, als die in Leipzig und Zwenkau bestehenden Innungen den Ausgangspunkt und den nötigen Rückhalt für eine dauernde Vereinigung bieten könnten. Als Ende 1889 eine Anzahl Meister zusammentrat, um von den Unternehmern höhere Preise zu verlangen, bewilligte ein großer Teil der letzteren sofort einen Aufschlag von 10 %; statt sich nun angesichts dieses Erfolges nur noch fester zusammen zu schließen, halten sich viele Meister ganz von der Vereinigung fern und die andern sehen unthätig und ohne Vertrauen auf die Dauer der Preiserhöhung in die Zukunft. — Nach meiner Ansicht würde es ferner wesentlich zur Hebung des Gewerbes beitragen, wollten sich die Meister zum gemeinschaftlichen Einkauf der Weiden entschließen. Jetzt bezieht man die schlesischen Weiden in geringfügigen Sendungen, statt sie in Waggonladungen auf gemeinsame Rechnung kommen zu lassen und dabei neben dem vorteilhafteren Einkauf im großen nicht unwesentliche Frachtersparnisse zu erzielen. Jetzt ersteht jeder einzelne Meister seinen Bedarf an Elsterweiden in Auktionen und einer treibt dabei den anderen in die Höhe, statt daß einer für alle kauft und so die Preise in gesunden Verhältnissen hält. Auf meinen Vorhalt, weshalb das nicht geschehe, erhielt ich nur die Antwort: „Es geht nicht, nutzt auch nichts!" aber einen Grund für diese angebliche Unmöglichkeit und Nutzlosigkeit konnte mir Niemand angeben. Als Beleg dafür, in welchen geringen Mengen der einzelne Korbmacher seine Weiden bezieht, will ich nur anführen, daß der oben erwähnte besonders zuverlässige und tüchtige Meister, welcher mit einem Gehülfen arbeitet, nicht in der Lage ist, mehr wie 10 Centner Weiden à ℳ 13—16 auf einmal zu kaufen; sein jährlicher Bedarf beträgt etwa 40 Centner und außerdem bezahlt er noch ungefähr ℳ 16 jährlich für Stöcke.

Von dem Herrn Bürgermeister zu Zwenkau, welchem ich für seine wertvolle Unterstützung bei den angestellten Erhebungen zu großem Danke verpflichtet bin, erfuhr ich, daß er der dortigen Innung wiederholt angeraten habe, zu einer Produktivgenossenschaft zusammen zu treten, die Kinderwagen selbst vollständig fertig zu liefern, statt wie jetzt nur die Körbe dazu und sich so von den Zeitzer Großhändlern unabhängig zu machen. Ich versuchte es nunmehr ebenfalls, die Meister für einen solchen Plan zu gewinnen, stellte ihnen vor, wie man sie in oft langen Lieferkontrakten zu schlechten Preisen arbeiten lasse, suchte ihnen die Verluste durch die Zahlung in langsichtigen Wechseln klar zu machen uud verwies sie auf die mir selbst geklagte schlechte Behandlung seitens mancher Unternehmer, aber alles vergeblich. Auch hier und ebenso auf die Anregung der Gründung einer Flechtschule erhielt ich wieder die Antwort: „Es geht nicht!" und als ich dem Einwand, es fehle an Geld, durch den Hinweis auf den Kredit begegnete, welchen ihre geschlossene Vereinigung genießen werde, fand ich nicht das geringste Verständnis dafür. Ja, es ist bezeichnend, daß einer der größeren Meister ausdrücklich erklärte, er ziehe die Zahlung in größern Wechseln der jedesmaligen Barzahlung in kleinen Beträgen vor, und wäre es auch nur deswegen, um der Unannehmlichkeiten enthoben zu sein, die seiner bei jeder Zahlungsforderung an den Unternehmer warteten!

Wesentlich zur Verschlimmerung der Lage trägt noch das bereits im allgemeinen Teile meines Berichtes erwähnte frühzeitige, ja vorzeitige Heiraten mancher Hausindustriellen und der damit verbundene Kinderreichtum bei, und habe ich mitunter bei den Unterhaltungen mit den Hausindustriellen (nicht nur des Korbmachergewerbes) den Gedanken nicht unterdrücken können, wie wohlthätig doch unter Umständen eine Beschränkung auch in dieser Freiheit sein würde. —

Meiner Ansicht nach ist eine Besserung in der Lage der hausindustriellen Korbmacher mindestens solange nicht zu erwarten, als sich die Leute nicht selbst aufraffen; die Fingerzeige für die Möglichkeit einer Wendung zum Besseren glaube ich im Vorstehenden gegeben zu haben, aber ich sehe vorläufig nicht ab, wie diese Möglichkeit bei dem eigenen Verhalten der Leute praktisch werden könnte.

3. Tapeziererei.

Nach der Berufs- und Gewerbezählung von 1882 sollte sowohl in der Stadt, wie in der Amtshauptmannschaft Leipzig das Tapezierergewerbe mehrfach auch hausindustriell ausgeübt werden. Die daher über die gegenwärtige Sachlage befragte Tapezierer-Innung konnte allerdings einen in Leipzig wohnhaften, hausindustriell thätigen Meister namhaft machen, erklärte aber bestimmt, daß sowohl innerhalb der Innung, wie bei den außerhalb derselben stehenden Meistern von einer Tapezierer-Hausindustrie im hiesigen Bezirke im übrigen nicht die Rede sein könne. Die großen Geschäfte seien schon wegen des Aufschwungs, welchen in den letzten Jahren die Lieferung vollständiger und stilgerechter Zimmereinrichtungen genommen habe, genötigt, eigene Werkstätten zu halten und bei den mittleren und kleineren Betrieben, welche die Heimstätten der Lehrlinge bildeten, sei, da ihnen zumeist die Ausführung der sog. Kundenarbeit zufalle, der Schwerpunkt der Thätigkeit gerade außerhalb ihres Hauses nach den Wohnräumen der Kunden verlegt. Diejenigen Meister aber, welche für Magazine arbeiteten, seien zugleich Mitbesitzer dieser Magazine, so daß man es vielmehr mit einer Produktivgenossenschaft zu thun habe. Neuerdings hätten zwar jüdische Unternehmer junge Anfänger zu hausindustriellem Betriebe zu veranlassen gesucht, allein die Innung ist der Ansicht, daß selbst wenn einmal ein derartiger Versuch gelingen sollte, er bei der Eigenart des Gewerbes nicht von längerer Dauer sein werde. —

Die Erhebungen bei dem seitens der Innung als Hausindustriellen bezeichneten Meister ergaben, daß allerdings früher, namentlich in den sechziger Jahren, das Tapezierergewerbe in unserm Kreise mehrfach hausindustriell betrieben wurde, der Befragte selbst aber hat seit nunmehr 3—4 Jahren angefangen, nebenbei auch für eigne Rechnung zu arbeiten. Wenn der Meister mit seiner Ehefrau allein arbeitet, soll bei angestrengtem Fleiße ein auskömmlicher Verdienst möglich sein, allein da die Art des Gewerbes, namentlich aber die Häufung der Bestellung zu bestimmten Jahresabschnitten (die Umzugszeiten) die Einstellung von Gehülfen unbedingt erfordert, so hört das Gewerbe im hausindustriellen Betriebe auf, ein lohnendes zu sein. Denn während die den Gehülfen zu zahlenden Löhne in den letzten 5 Jahren um etwa 20 % gestiegen sind, bei gleichzeitiger Einschränkung der Arbeitszeit um eine Stunde, sind die Preise, welche der Unternehmer für die Herstellung von Polstermöbeln zahlt, seit fast 10 Jahren ganz dieselben geblieben, und ist es daher begreiflich, wenn der befragte Meister seinen Sohn zwar ebenfalls das Tapezierergewerbe erlernen ließ, ihn aber dann nicht in das eigene Geschäft aufgenommen, sondern veranlaßt hat, in einer großen Werkstatt zu arbeiten.

Der Meister fertigt für den Unternehmer, welcher Kaufmann resp. Magazininhaber ist, Polstermöbel jeder Art an, wozu letzterer die Gestelle und den Überzug liefert. Die Posamenten und sonstigen Zuthaten, wie Pferdehaar, Seegras, Leinen, Zwirn u. s. w. muß der Meister bei dem Unternehmer und zwar zu hohen Preisen kaufen, eine für die Erteilung von Aufträgen ein für allemal vereinbarte Bedingung. Da jedoch andererseits bei Ablieferung der fertigen Stücke der Meister die verwandten Zuthaten dem Unternehmer zu demselben Satze, zu welchem er sie von diesem hat entnehmen müssen, vertragsmäßig wieder anrechnet, so ist ersterer durch den weit über dem Marktpreis liegenden Bezugspreis in keiner Weise geschädigt; dagegen sichert sich bei diesem Verfahren der Unternehmer insofern die in seinem Interesse liegende volle Verwendung der von ihm gelieferten guten Zuthaten, als der Meister bei deren außergewöhnlich hohem Preise sie eben einzig und allein bei den von dem Unternehmer bestellten Gegenständen verwenden kann.

Mit dem Meister arbeitet dessen Ehefrau, welche, soweit es der Haushalt erlaubt, meist die gröbern Näharbeiten besorgt; außerdem werden Gehülfen beschäftigt, deren Anzahl während der hauptsächlichen Bestellungszeiten, welche mit den in Leipzig hauptsächlich am 1. April und 1. Oktober jeden Jahres stattfindenden Umzugsterminen zusammenfallen, sich auf 4—6 beläuft. Diese Gehülfen arbeiten 10 Stunden täglich zu 37 Pf. für die Stunde; Überstunden werden mit $33^1/_3$ % Aufschlag bezahlt. Kost oder Wohnung gibt der Meister nicht. Bis zu Anfang der siebziger Jahre betrug die tägliche Arbeitszeit 11 Stunden; die Herabsetzung auf 10 Stunden wurde beiderseits freiwillig vereinbart, ein zu Anfang des Jahres 1890 von den Gehülfen zur Erlangung einer 9stündigen Arbeitszeit in Scene gesetzter Strike verlief zu ihren Ungunsten. Das Einstellen von Gehülfen ermöglicht zwar eine größere Produktion, bringt aber dem Meister aus den schon angegebenen Gründen keinen höheren Gewinn.

Der Meister selbst arbeitet mindestens 12 Stunden täglich, meist

14 Stunden, und in der flotten Zeit noch länger; seine Frau einschließlich der Arbeit für den Haushalt, ebenfalls. Das Gewerbe erfordert besondere Arbeitsräume, die Maschinen — Nähmaschinen und Haarzupfmaschinen — sind Eigentum des Meisters. Die bestellten Möbel werden vollständig verkaufsfertig abgeliefert und erfolgt die Abrechnung mit den Unternehmern nur einmal im Jahr, zwischenzeitlich werden Teilzahlungen geleistet.

Der Absatz ist in den letzten 5 Jahren infolge der auswärtigen (Berlin) Fabrikkonkurrenz wesentlich zurückgegangen, während auch die veränderte Geschmacksrichtung die Herstellung wesentlich vertheuert haben soll. Der Meister hat sich daher in letzter Zeit auch der Anfertigung meist geringer Sachen für eigene Rechnung zugewandt und ist ebenfalls aus diesem Grunde einem bis jetzt aus 28 Meistern bestehenden Konsumverein zur billigen Beschaffung von Werg, Leinen, Federn u. s. w. beigetreten. Einer Krankenkasse gehört er nicht an, muß aber seine Gehülfen bei der Ortskrankenkasse versichern.

Zur Ausbildung von Tapezierern unterhält die Innung eine Fachschule, zu deren Besuch die Lehrlinge verpflichtet sind; der Meister zahlt für jeden Lehrling ℳ 6 jährlich. Diese Schule bildet, da die Innung sämtliche Kosten trägt, eine besondere Klasse der für die Lehrlinge obligatorischen hiesigen Fortbildungsschule und wird außer im Rechnen, Schreiben, Zeichnen und Buchführen noch Unterricht im Entwerfen von Draperien u. s. w. nach eignen Ideen erteilt.

4. Fabrikation künstlicher Blumen.

Namentlich seit dem französischen Kriege hat die Anfertigung künstlicher Blumen in unserm Bezirke einen bedeutenden Aufschwung genommen und ist bis zu Anfang der achtziger Jahre in erfreulicher Entwicklung geblieben, so daß z. B. im Jahre 1875 hier nicht weniger wie 14 Blumenfabriken bestanden, die zusammen 319 Arbeiterinnen — die Hausindustriellen nicht einbegriffen — beschäftigten. Der Wochenverdienst der meisten Arbeiterinnen belief sich bei Akkordarbeit auf zwischen ℳ 10—15, doch erreichten einige derselben einen Verdienst bis zu ℳ 25. Der Wert der Gesamtproduktion betrug damals ℳ 672 400. Welchen Anteil die Hausindustrie in der damaligen Zeit an der Herstellung dieses Artikels hatte, läßt sich leider auch aus den Ergebnissen der Berufszählung von 1882 nicht feststellen, da dieselbe die Anfertigung künstlicher Blumen mit derjenigen von Federschmuck und mit der Putzmacherei in eine Gruppe zusammenfaßte.

Mit dem Jahre 1883 trat insofern eine Veränderung ein, als die

Mode mehr den Federschmuck und Bänderbesatz für Damenhüte begünstigte; glücklicherweise fiel jedoch mit dem hierdurch veranlaßten Rückgang des einheimischen Bedarfes eine nicht unbeträchtliche Zunahme der Ausfuhr zusammen, allerdings jedoch erst dann, nachdem es gelungen war, ein, wie weiter unten zu besprechen, nicht überall unbegründetes Vorurteil gegen das deutsche Fabrikat zu überwinden. Erst m Jahre 1888 begann die Mode sich wieder mehr der Verwendung künstlicher Blumen als Hutschmuck zuzuneigen; inzwischen hatten aber namentlich diejenigen Geschäfte nicht unbeträchtliche Einbußen erlitten, welche die gewöhnlichen Stapelartikel lieferten. Auch die Konkurrenz anderer sächsischer Fabriken (Sebnitz, Neustadt u. s. w.) war eine sehr fühlbare geworden und ganz besonders machte sich der Einfluß der Zuchthausarbeit (Plötzensee bei Berlin) empfindlich geltend, und unter dem Druck aller dieser ungünstigen Umstände waren manche der hiesigen Fabriken zu Arbeitseinschränkungen, ja sogar zur völligen Betriebseinstellung gezwungen worden. Die weiter arbeitenden Geschäfte verlegten sich mehr auf die Herstellung feinerer Arbeit, und wenn auch der Umsatz zunächst noch bei weitem nicht die frühere Höhe erreichte, so war es doch erfreulich, daß sich die Ausfuhr dieser besseren Sachen fortwährend hob. Namentlich englische und amerikanische Käufer, die sonst nur Paris zu besuchen pflegten, wandten sich immer mehr hierher; ganz besonders ist Central- und Südamerika ein ergiebiges Absatzgebiet für das hiesige Fabrikat geworden, ja es findet sogar eine nicht unbeträchtliche Ausfuhr nach Frankreich selbst statt. Die Zunahme dieser Ausfuhr ist lediglich eine Folge der besseren und geschmackvolleren Arbeit, welche man jetzt hier liefert, sowie der Sorgfalt, die man der Herstellung neuer, eleganter Muster widmet. Das war früher allerdings nicht der Fall gewesen; als zur Zeit der Belagernng von Paris der Bezug von dort unmöglich geworden war, kauften England und Amerika, um nur ihren Bedarf zu decken, alles auf, was in Deutschland von künstlichen Blumen überhaupt zu haben war. Da ging denn manche fehlerhafte, ja schlechte, sonst ganz unverkäufliche Ware mit fort; infolge dessen wandte sich das Ausland bald wieder vom hiesigen Platze ab und kehrte zu den alten französischen Bezugsquellen zurück. Das hat sich jetzt völlig verändert und nicht wenige hiesige Geschäfte halten gegenwärtig ständige Vertreter in London und New-York. Allgemein glaubt man, diesem Industriezweige eine günstige Zukunft in Aussicht stellen zu können, namentlich wenn die Zuchthausarbeit in Plötzensee, deren Wettbewerb sich fortwährend geltend macht, abgeschafft werde. Nach einer im Januar 1890 dem preußischen Abgeordnetenhause eingereichten Petition der Vertreter der Industrie künstlicher Blumen und Blätter soll die Produktion von Plötzensee 10—30 %

der gesamten deutschen, und weit über 50 % der Berliner Lokalproduktion betragen. Allerdings wurde offiziös hierauf erwidert, daß diese Konkurrenz nicht von Belang sein könne, wenn man erwäge, daß nach der Berufszählung von 1882 mit der Anfertigung künstlicher Blumen mehr wie 10 000 freie Arbeiter, am 1. Oktober 1889 aber nur 164 Gefangene beschäftigt gewesen seien, allein auf meine diesbezügliche Anfrage wird mir von Interessenten mitgeteilt, daß sie ihre Beschwerde aufrecht erhielten. Augenblicklich allerdings befinde sich das Geschäft in einer Blüte, wie sie seit 8—10 Jahren nicht dagewesen sei; die Fülle der Aufträge sei so groß, daß ein Teil derselben zurückgewiesen werden müsse, und sei es daher begreiflich, wenn sich jetzt die Konkurrenz der Gefängnisarbeit nicht geltend mache. In der jahrelangen Zeit des Niederganges aber sei dieselbe der geringen Verwaltungskosten und niedrigen Arbeitslöhne wegen um so empfindlicher gewesen und haben die Interessenten daher ihre Petition erneuert.

Die Preise, welche namentlich für die feineren Sachen in die Höhe gegangen sind, bewegten sich zu Anfang des Jahres 1890 zwischen ℳ 1. 50 bis ℳ 65 für das Gros. — Allmählich hat sich eine förmliche Arbeitsteilung unter den Fabriken herausgebildet; fast jede derselben hat ihre Specialität, die eine fertigt nur Rosen, die andere nur Vergißmeinnicht oder Maiblumen u. s. w., die dritte nur Phantasieblumen, wieder eine andere nur Gräser, oder Blätter oder Blütenstiele an, während dann andere Fabriken diese Specialartikel kaufen und zu Blumensträußen, Kränzen u. s. w. zusammensetzen.

Die Hausindustriellen werden fast nur mit der Herstellung einzelner Blütenzweige beschäftigt, selten daß man ihnen auch größere Zusammenstellungen überträgt. Für eigene Rechnung arbeitende Hausindustrielle gibt es nicht. Die Rohstoffe, württembergischer, elsäßer, auch englischer Battist oder cambrics, ebenso das vielfach benutzte aus Erfurt (aber auch aus Italien) bezogene Naturgras (z. B. Agrostis pulchella, Hordeum jubatum u. a.) werden stets in der Fabrik gefärbt, denselben durch Stanzen, Pressen, Rollen und Kräuseln die gewünschte Blumenform und meist auch der Blume ein Stiel gegeben. Mitunter fällt das Stielgeben auch der Hausindustrie zu, doch besteht ihre Hauptthätigkeit im Zusammensetzen einzelner Blumen und Blätter zu Blütenzweigen.

Etwa 60 Personen sollen in dieser Weise hausindustriell im hiesigen Bezirke beschäftigt sein, von welchen die Mehrzahl (etwa 40) in den Vororten Gohlis (gehört seit 1. Januar 1890 zur Stadt Leipzig), Möckern und Wahren wohnt. In den nach der Zählung vom 1. Mai 1889 vorhandenen 12 Fabriken selbst waren damals 355 Personen beschäftigt. Nur weibliche Personen werden beschäftigt und sind dies zum überwiegenden Teile Frauen, die vor ihrer Verheiratung in einer Blumenfabrik gearbeitet haben und jetzt für denselben Unternehmer zu Hause weiter thätig sind. Nur ganz ausnahmsweise werden mitunter — es konnten nur zwei Fälle konstatiert werden — von den hausindustriellen Arbeiterinnen 13—15jährige Mädchen mitbeschäftigt; Kinderarbeit kommt nicht vor. —

Die Lage der Hausindustriellen ist je nach der Art des Geschäftes, für welches sie arbeiten, eine sehr verschiedene. Bei denjenigen Firmen, welche weniger feine, sondern mehr sog. Stapelartikel herstellen lassen und auch weniger für den Export arbeiten, ist es nach dem bereits geschilderten, öfter wechselnden Gang der Mode begreiflich, wenn ihre Hausindustriellen während der besprochenen ungünstigen Konjunktur nur unregelmäßig, mitunter oft monatelang gar nicht beschäftigt waren (diese ganze Darstellung bezieht sich auf die Zeit vor 1890). Denn der Fabrikant entläßt bei Betriebseinschränkungen naturgemäß zuerst die Hausindustriellen, deren eigentlicher Ernährer der Mann ist, während er seine Fabrikarbeiterinnen, welche ihre volle Zeit und Kraft seinem Geschäfte widmen, so lange wie möglich zu halten suchen wird. Geschäftshäuser dagegen, welche feinere Artikel, Specialitäten, herstellen und mehr für den Export arbeiten, konnten trotz der ungünstigen Mode auch in den letzten schlechteren Jahren ihre Hausindustriellen ständig beschäftigen, was bei der Entwicklung des Geschäftes jetzt wohl allgemein der Fall sein dürfte. Die Hausindustriellen, welche durchgängig aus den Kreisen der besseren Fabrikarbeiterinnen sich rekrutieren, leben daher denn auch alle in geordneten und guten Verhältnissen, zu deren Gestaltung der von ihnen neben Besorgung der Hauswirtschaft erworbene Verdienst das seinige beiträgt. Damit im Zusammenhang steht, daß die Arbeiterinnen ihren Verdienst allgemein nur monatlich erheben, ihn gewissermaßen als Reserve für die monatlich zu zahlende Wohnungsmiete stehen lassen und nur sehr selten kommt es vor, wie mitunter vor hohen Festtagen, daß in der Zwischenzeit einmal eine Vorschußzahlung gewünscht wird.

Die Löhne — lediglich Stücklöhne — sind in den letzten Jahren ziemlich dieselben geblieben; je nach Art der Blumen wird für das Binden eines Gros 25 Pf., 52 Pf., auch 90 Pf. bezahlt, so daß eine Frau, welche nach Besorgung ihrer Hauswirtschaft sich noch 6 Stunden täglich mit Blumenbinden befaßt, etwa ℳ 6 bis ℳ 6. 50 wöchentlich verdient. Die meisten Frauen arbeiten durchschnittlich 6—7 Stunden täglich; wer des Umfangs seines Hauswesens halber nur 4—5 Stunden thätig sein kann, kommt immer noch auf einen Wochenverdienst von ℳ 5, und erklärten sich sämtliche vernommenen Frauen mit den ihnen gewährten Löhnen zufrieden. — Die stärkste Beschäftigung liegt in der Zeit von Weihnachten bis Pfingsten, und diejenigen Hausindustriellen, welche in der stilleren Zeit weniger Arbeit als Blumenbinderinnen haben, sind dann in der Hauptsache auf den Verdienst des Ehemannes angewiesen; seitens der besseren Fabriken konnten jedoch in den letzten 2 Jahren auch die Hausindustriellen das ganze Jahr hindurch ohne jede Unterbrechung beschäftigt werden. — Die Bezahlung erfolgt stets in barem Gelde und kommen Abzüge, welche allerdings für verdorbene und beschmutzte Waren zulässig wären, nicht vor.

Auslagen irgend welcher Art, außer für die Beschaffung des einzig in einer Scheere und einer Pincette bestehenden Arbeitsgerätes haben die Hausindustriellen nicht, da die Fabrik alles zur Arbeit nötige Material liefert. Die Wohnräume der Familie dienen zugleich als Arbeitsraum, ohne daß hiermit irgend ein Nachteil verbunden wäre; im Gegenteil macht diese gewerbliche Mitbenutzung eine ganz besondere Reinhaltung des Wohnraumes erforderlich, deren Beobachtung unzweifelhaft wohlthätig auf die ganze Führung des Haushalts einwirkt.

Dieselbe Arbeit, das Zusammenbinden der Blumen und Blätter zu Zweigen, wie sie die Hausindustriellen liefern, wird auch in der Fabrik des Unternehmers (sofern derselbe nicht lediglich Kaufmann ist) vorgenommen, ohne daß ein besonderer Unterschied zwischen beiden Herstellungsmethoden bemerkbar wäre. Vielleicht möchte insofern ein Unterschied zu Gunsten der Hausindustrie bestehen, als gerade die in letzterer jetzt thätigen Frauen früher zu den besten Fabrikarbeiterinnen zählten und da die Mehrzahl derselben bereits lange in ihrem Fache arbeitet — einzelne schon 15 Jahre lang für denselben Unternehmer — eine größere Gewandtheit und Akkuratesse wie manche Fabrikarbeiterin erlangt haben. In der That überweisen denn auch manche Fabrikanten gerade feinere Arbeit der Hausindustrie, deren Lage, um es noch einmal kurz zusammen zu fassen, nur als eine befriedigende bezeichnet werden kann. —

5. Die Fabrikation von Gummiwaren.

Eine hiesige Fabrik beschäftigt etwa 9 Arbeiterinnen mit der hausindustriellen Herstellung von Gummisaugern, d. h. nur mit dem Zusammenkleben derselben. Die einzelnen Teile holen sich die Arbeiterinnen in der Fabrik und liefern sie nach 1—2 Tagen fertig ab. Meist sind dies frühere Fabrikarbeiterinnen, die nach ihrer Verheiratung, resp. starker Vergrößerung ihrer Familie nicht mehr regelmäßig zur Fabrik kommen können. — Die leichte und in den Wohnräumen vorzunehmende Arbeit ist den Leuten sehr willkommen, da sie gut bezahlt wird. Es werden Stücklöhne gezahlt und zwar jeden Sonnabend. Selbst Arbeiterinnen, die einen großen Teil des Tages durch ihren Haushalt in Anspruch genommen sind, verdienen wöchentlich *M* 10, ja es kommen sogar Wochenverdienste von *M* 20 vor. Speciell wurde von einer verheirateten Frau ermittelt, daß sie wiederholt einen solchen Verdienst erzielte; ihr Ehemann, der selbst in einem andern Gewerbe einen guten und regelmäßigen Lohn verdient, verbraucht denselben vollständig für sich, so daß die Frau genötigt ist, den ganzen Unterhalt des Haushalts zu erwerben. Zwar hat der Mann den betr. Fabrikanten unter Hinweis auf den eigenen Verdienst ersucht, seiner Frau keine Arbeit mehr zu geben, allein die letztere, die sehr wohl weiß, daß sie ohne ihre eigene Arbeit keine Mittel zur Bestreitung des Haushalts haben werde, kam immer wieder und arbeitet nach wie vor ständig für denselben Unternehmer.

6. Strohhutfabrikation.

Über die Herstellung von Strohhüten, welche hier in ziemlich bedeutendem Umfange betrieben wird, kann leider nur wenig mitgeteilt werden. Die erhaltene schriftliche Auskunft war durchaus ungenügend, und der Bitte um weitere, namentlich mündliche Mitteilung wurde nicht entsprochen; insbesondere gelang es nicht, die Adressen der hier beschäftigten Hausindustriellen selbst zu ermitteln, so daß ich mich auf nachstehende kurze Bemerkungen beschränken muß.

Infolge des Rückgangs der Preise für Strohhüte soll in den letzten Jahren die Geschäftslage keine gute gewesen sein. Das Absatzgebiet erstreckt sich über ganz Deutschland, doch wird auch etwas für den Export gearbeitet.

Die Hüte werden sowohl in der Fabrik selbst, wie durch Hausindustrielle hergestellt, ohne daß ein Unterschied zwischen beiden Methoden hervorträte. Das Strohgeflecht wird fertig aus dem Auslande (Italien u. s. w.) bezogen, so daß die Arbeit nur im Nähen und Garnieren der Hüte besteht. Die nötigen Zuthaten, wie Bänder, Schweißleder u. s. w. erhält der Industrielle vom Unternehmer mit dem Strohgeflecht ohne Berechnung geliefert, dessen Eigentum auch die benutzten Nähmaschinen sind. Der Verkehr zwischen beiden Teilen ist ein direkter.

Etwa 10 % der in diesem Gewerbe hier überhaupt thätigen Personen sollen auf die Hausindustrie entfallen und werden meist weibliche Arbeiter beschäftigt, die in der Regel noch ihre Hauswirtschaft mitbesorgen. Insoweit Männer beschäftigt sind, haben diese einen andern Beruf nicht. Kinderarbeit soll nicht vorkommen.

Die Arbeitslöhne sind in den letzten Jahren Schwankungen nicht unterworfen gewesen und wird bei Näharbeit für 100 Meter 70—90 Pf., für das Garnieren der Hüte 50 Pf. bis ℳ 2 für das Dutzend bezahlt; ununterbrochene Thätigkeit vorausgesetzt, soll bei diesen Sätzen in der Näharbeit ein Wochenlohn von ℳ 15—20, bei Garnierarbeit von ℳ 8—12 möglich sein. Jedoch ist die Beschäftigung nicht eine das ganze Jahr hindurch gleichmäßige, vielmehr längeren Unterbrechungen ausgesetzt, ohne daß sich während derselben eine andere Erwerbsgelegenheit für die Hausindustriellen ergäbe. Trotzdem aber wird deren Lage als eine gute und geregelte bezeichnet; eine Begründung oder Erklärung für diese mir wenig glaubwürdig scheinende Behauptung wurde eben so wenig gegeben, wie für die weitere Mitteilung, daß für die Zukunft den Unternehmern ein flottes und gutes Geschäft, den Hausindustriellen ein sehr hoher Verdienst in Aussicht zu stellen sei. —

7. Die Fabrikation von Regen- und Sonnenschirmen.

Etwa fünf größere Firmen befassen sich in Leipzig mit der Herstellung von Regen- und Sonnenschirmen; die übrigen hier bestehenden Handlungen beziehen den größten Teil der Schirme fertig und beschäftigen in der Hauptsache zu Reparaturzwecken höchstens einen Gestellarbeiter und 1—2 Näherinnen. Nach der Berufszählung von 1882 gab es im hiesigen Bezirk 14 hausindustrielle Betriebe mit 14 Personen und wurden von 4 Großbetrieben aus 25 Personen beschäftigt. Gegenwärtig beträgt die Zahl der für die größeren Firmen in diesem Gewerbe beschäftigten Hausindustriellen etwa 70—80 und zwar 8—10 Gestellarbeiter und 60—70 Näherinnen. Die gleiche Anzahl und auch annähernd in derselben Zusammensetzung wird in den Werkstätten der Unternehmer beschäftigt, doch ist der Anteil der letzteren an der Hausindustrie ein sehr verschiedener. Während eine Firma fast alles außer dem Haüse anfertigen läßt, verlegt eine andere durch Aufstellung eines Gasmotors zum Betriebe der Nähmaschinen und der Drehbänke den Schwerpunkt der Arbeit nach der eigenen Werkstätte. —

Angefertigt werden alle Arten von Regen- und Sonnenschirmen aus baumwollenen, wollenen und seidenen Stoffen. Nur die wenigsten Unternehmer arbeiten jedoch für ein größeres, sich über ganz Deutschland erstreckendes Absatzgebiet, die meisten dagegen für das Platzgeschäft und die nähere Umgebung, und kann man nicht behaupten, daß seitens der letzteren gerade eine besonders gute Ware geliefert würde. Es hängt das allerdings auch mit der Schwierigkeit zusammen, tüchtige Arbeiter zu bekommen, allein es hat doch andererseits den Anschein, als ob für die teilweise recht niedrigen Löhne einzelner Geschäfte eine wirklich gute Arbeit nicht beansprucht werden könnte. Einer größeren Firma, welche jetzt den Wettbewerb mit Berlin erfolgreich aufgenommen hat, ist dies nur dadurch möglich geworden, daß sie im Jahre 1887 auf ihre Kosten eine größere Anzahl geübter Arbeiterinnen (14) aus Königsberg i. Pr., welches wegen seiner soliden Arbeit in diesem Geschäftszweige einen besonders guten Ruf genießt, hierher kommen ließ, nachdem sie sieben Jahre hindurch es vergeblich versucht hatte, sich einen tüchtigen Stamm hiesiger Arbeiterinnen heranzubilden. Der betr. Arbeitgeber klagt — und ich muß seine Mitteilungen nach den auch bei andern Geschäftszweigen gemachten Erfahrungen für zutreffend halten — daß die hiesigen Arbeiterinnen, welche ohne jede Kenntnis ihrer neuen Obliegenheiten in das Geschäft eintreten, sofort mindestens 5—6 ℳ für die Woche verdienen wollen, die Absolvierung einer Lehrzeit ablehnen und zudem ohne jedes Bedenken mit der größten Leichtigkeit nicht bloß die Stellung, sondern auch den Beruf wechseln. (Jene Firma verlangt nur eine einmonatliche Lehrzeit und zahlt während derselben ℳ 4 Wochenlohn.) Daß die Heranbildung und Erhaltung eines Stammes geübter Arbeiter unter solchen Umständen mitunter recht schwierig sein kann, leuchtet ohne weiteres ein, und es ist bezeichnend, daß die aus Königsberg berufenen und sämtlich auch hier gebliebenen Arbeiterinnen nicht eben das günstigste Urteil über ihre hiesigen Berufsgenossen fällen, namentlich was die Bereitwilligkeit zum Erlernen der Arbeit angeht. Diese Königsbergerinnen geben zwar zu, daß es in ihrer Heimat nicht so viele und so mancherlei Arbeitsgelegenheit gebe, wie in Leipzig, die Verführung zum Wechsel also nicht so groß sei wie hier, aber sie tadeln doch an den hiesigen Arbeiterinnen das geringe Interesse am Beruf und die noch weit geringere Ausdauer in demselben. Während ferner in Königsberg ganz allgemein eine 3monatliche Lehrzeit verlangt und für dieselbe sogar ein Lehrgeld von ℳ 6 willig bezahlt werde, falle es in Leipzig sehr schwer, neue Kräfte anzulernen, da die Mädchen ohne jede Lehrzeit sofort einen jedenfalls verhältnismäßig viel zu hohen Lohn beanspruchten. Es sei dies um so mehr zu bedauern, als gerade in der Schirmfabrikation, die nicht zu schwer zu erlernen sei, wohl aber Übung verlange, verheiratete Frauen bei guter Arbeit einen lohnenden Nebenerwerb finden könnten, „aber," sagte eine dieser Königsbergerinnen, „die besseren Mädchen hier wollen nichts lernen, und die geringeren gehen lieber in eine Fabrik". —

Während also ein Teil der Unternehmer, namentlich diejenigen, welche auf ein größeres Absatzgebiet Rücksicht nehmen, über Mangel an tüchtigen Arbeiterinnen klagt, haben andere, namentlich solche, die mehr für den Lokalmarkt und Hausierbedarf arbeiten, genügende Arbeitskräfte zur Verfügung bei weit billigeren Löhnen, aber auch bei weitem geringerer Leistung. Während in den besseren Geschäften die hausindustriellen Näherinnen für glatte Schirme ℳ 1. 80, für seidene bis ℳ 3 für das Dutzend erhalten und dabei mindestens ℳ 12 für die Woche, bei feinerer und garnierter Arbeit sogar weit mehr verdienen, kommen sie bei den anderen Firmen nur auf ℳ 5—8 und erhalten hier die Gestellarbeiter für das Dutzend Gestelle 35 Pf., bei den erstgenannten Geschäften aber für einfedrige Gestelle 50 und 80 Pf. bis ℳ 1 für zweifedrige Gestelle.

Die Hausindustriellen klagen sehr über die Art und Weise, in welcher seitens einiger Unternehmer, die zudem nicht einmal das ganze Jahr hindurch regelmäßig Arbeit haben, die Löhne gedrückt würden, während sie von anderen Firmen bereitwillig anerkennen, daß diese trotz des starken Wettbewerbs mit den Löhnen so hoch gingen, wie nur irgend thunlich. Auch bezüglich dieses Punktes erscheinen die Aussagen der Königsberger Arbeiterinnen besonders interessant. Dieselben verdienen, soweit sie hausindustriell thätig sind und bei mittlerer Geschicklichkeit, abgesehen von den seltener vorkommenden weit besser bezahlten Arbeiten, ℳ 12 in der Woche gegen ℳ 15—18 in Königsberg, wo überdies der Unterhalt für sie billiger gewesen sei, wie in Leipzig. Daß sie dennoch nicht in die Heimat zurückkehren, ist auf verschiedene Umstände zurückzuführen. Zunächst sollen dort inzwischen die Löhne gegen früher gesunken sein, dann werde hier weniger feine Arbeit verlangt, endlich aber sei hier die Arbeit das ganze Jahr hindurch eine gleichmäßige. Während in Königsberg wiederholt Unterbrechungen vorgekommen seien, könne man hier auf fortlaufende Beschäftigung rechnen, welche selbst der weniger geschulten Näherin neben der Besorgung des Haushaltes einen ständigen Wochenverdienst von ℳ 12 für die gewöhnliche Arbeit sichere. In der Fabrik selbst, für welche diese Königsbergerinnen arbeiten, verdient eine noch recht junge Näherin, welche bei einer Hausindustriellen auf Kosten des Unternehmers eine 3monatliche Lehrzeit durchgemacht hatte, bei zehnstündiger Arbeitszeit nach ihrer eigenen Angabe jetzt ℳ 7—8 in der Woche, und näht dabei 6—8 Dutzend Schirme; doch wird sich dieser Verdienst bei fortgesetzter Übung wesentlich steigern.

Mir haben Lohnbücher von hausindustriellen Schirmnäherinnen vorgelegen, nach welchen dieselben regelmäßig zwischen ℳ 50 — ℳ 60, recht oft ℳ 70, mitunter sogar ℳ 90 im Monat verdient haben und eine —

allerdings ganz ausnahmsweise geschickte — Arbeiterin (aus Königsberg), welche neben Besorgung des Haushalts für sich und ihre Angehörigen höchstens 4—5 Stunden täglich Schirme näht, kommt dabei doch auf einen Monatsverdienst von ℳ 48. Alle diese Lohnangaben beziehen sich jedoch, wie ich ausdrücklich hervorhebe, nur auf eine einzige der hiesigen Firmen, deren humane Bestrebungen aber auch von den Hausindustriellen anerkannt werden. Ich habe feststellen können, daß die Inhaber derselben die Näherinnen ausdrücklich darauf aufmerksam gemacht haben, sie wünschten nicht, daß letztere durch eine übermäßige und übernormale tägliche Arbeitszeit ihre Gesundheit schädigten, und würden eventuell sich genötigt sehen, wenn dieser Rat nicht befolgt werde, den betr. Näherinnen trotz aller Zufriedenheit mit der Qualität der Leistung einen Teil der Arbeit zu entziehen, um sie so zur Rücksichtnahme auf ihre Gesundheit zu zwingen. Und gerade diese Firma, die also doch gewiß gute Löhne zahlt, klagt u. a. auch darüber, daß manche Frauen und Mädchen um deswillen Anstoß an der Arbeit für sie nähmen, weil sie sich schämten, die fertigen Schirme zur Ablieferung selbst über die Straße zu tragen, da man daraus erkennen könne, daß sie eben arbeiteten, eine Auffassung, die allerdings so verkehrt wie nur möglich ist. (Vergl. das bei der Wollwarenfabrikation Gesagte.) — Die hausindustriellen Gestellarbeiter erhalten vom Unternehmer die Stöcke und die aus Glocke, resp. Schieber, Krone und Schienen bestehende „Fournitur" für jeden Schirm, zuweilen auch die am unteren Stockende zu befestigende Zwinge ohne Berechnung geliefert, haben zunächst mittelst einer ihnen gehörigen Drehbank resp. Fräsmaschine in den Stock den Einschnitt zum Einlegen der Feder zu machen und setzen dann Stock und Fournitur zum Schirmgestell zusammen. Den Draht zu den Federn und zum Binden, sowie die Stifte stellt der Arbeiter selbst und werden diese Materialien nicht vom Arbeitgeber entnommen. — Die Fußtrittdrehbank, welche also dem Arbeiter gehört, kostet etwa ℳ 90; einzelne Gestellmacher, welche für jene Firma arbeiten, die kürzlich einen Gasmotor aufgestellt hat, haben ihre Wohnung und Werkstatt nach dem Geschäftshause derselben verlegt und zahlen für die Benutzung der Gaskraftmaschine zum Betrieb ihrer Drehbänke für jede der letzteren ℳ 1. 50 wöchentlich. Der hieraus für den Arbeiter, der 2 solcher Drehbänke besitzt, entstehende Vorteil der Mehrleistung bei geringerer Anstrengung ist auf etwa ℳ 2 für die Woche zu veranschlagen. Die Gestellarbeiter beschäftigen meist 1—2 Gehülfen, welchen sie anfänglich ℳ 5—6 Wochenlohn zahlen und die nach gehöriger Anlernung bei 10stündiger täglicher Arbeitszeit ℳ 12—18 Wochenlohn im Akkord verdienen. Dem Gestellarbeiter selbst verbleiben nach Abzug der Auslagen für Gehülfenlohn, Draht u. s. w. etwa ℳ 24—30 für die Woche, unter Umständen auch ℳ 36—40. Auch diese Angaben beziehen sich auf die besseren der hiesigen Firmen; ein bei einer solchen beschäftigter Gestellarbeiter, welcher allerdings täglich 12 Stunden arbeitet, während seine beiden Gehülfen nur 10 Stunden thätig sind, erübrigt ℳ 42 in der Woche. Zum Unterhalt seiner aus 5 Köpfen bestehenden Familie inkl. Miete u. s. w. braucht er wöchentlich ℳ 32 und ist daher nach seiner eigenen Aussage um so mehr in der Lage, kleine Ersparnisse zu machen, als er das ganze Jahr hindurch Arbeit hat. Er ist von Haus aus Buchbinder, hat den neuen Beruf ohne besondere Mühe erst später erlernt und ist jetzt seit 9 Jahren in demselben thätig.

Weit ungünstiger ist die Lage der für solche Firmen arbeitenden Gestellmacher, die weniger solide Arbeit machen lassen, nicht das ganze Jahr hindurch Beschäftigung haben und welchen die Hausindustriellen den Vorwurf der Lohndrückerei machen. Dort erreicht der Gestellmacher höchstens einen Wochenverdienst von ℳ 30, muß davon zwischen ℳ 12—15 Gehülfenlohn abgeben und sich seine Maschine, Werkzeuge, Draht u. s. w. anschaffen, sodaß ihm für diejenigen Wochen, in welchen er überhaupt Arbeit hat, höchstens ℳ 15, oft weit weniger verbleiben. Und die beschäftigungslose Zeit ist auf mindestens 3 Monate jährlich zu veranschlagen! —

Die in den Fabriken selbst arbeitenden Gestellmacher verdienen bei 10stündiger Arbeitszeit im Akkord ℳ 18—20 für die Woche. — Der Hausindustrielle liefert wöchentlich einmal, in der flotten Geschäftszeit auch mehrere Male in der Woche ab und erhält dann sofortige Barzahlung. — Die fertigen Gestelle werden nunmehr nebst dem bereits vorgezeichneten Stoff zum Überzug den hausindustriellen Näherinnen übergeben, welche den Stoff nach der Vorzeichnung zuschneiden, zusammennähen und ihn dann auf das Gestell aufheften resp. nähen. Über die von den Näherinnen verdienten Löhne ist oben bereits das Nötige gesagt. — Das Zusammennähen der Bezüge geschieht mittelst einer Nähmaschine, welche sich die Arbeiterin selbst durch Abschlagszahlungen beschafft. Die Ablieferung erfolgt, sobald ein Dutzend Schirme fertiggestellt ist, gegen sofortige Barzahlung, nur die Königsbergerinnen erhalten den Lohn auf ihren eigenen Wunsch monatlich gezahlt; die Lohnsätze — auch für die Gestellarbeiter — sind in den letzten Jahren unverändert geblieben und beschaffen sich die Näherinnen das an Zwirn und Seide nötige Material selbst. Meist wird es vom Unternehmer zum Selbstkostenpreis entnommen. Während die Näherinnen in ihren Wohnräumen arbeiten, benutzen die Gestellmacher besondere Werkstätten. —

An den von den Näherinnen abgelieferten Schirmen wird in der Fabrik durch den sog. Fertigmacher noch das Scheibchen oberhalb des Bezugs auf dem Stock angebracht, ebenso die Zwinge, und der Schirm ist dann verkaufsfertig.

Die Stöcke bezieht der Unternehmer u. a. aus Hamburg, Berlin, Breslau, Bettenhausen bei Kassel u. s. w. und kosten dieselben in gewöhnlicher Ausführung ℳ 3—18 das Dutzend, Luxusstöcke jedoch bis ℳ 100 das Dutzend. Die aus Stahl bestehenden Fournierteile werden aus der Remscheider Gegend bezogen.

Die Preise der fertigen Schirme sollen in letzter Zeit gesunken sein; doch hegt man für die bessere und solide Ware gute Hoffnungen für die Zukunft und je nachdem der Unternehmer auf ihre Herstellung Wert legt oder nicht, wird sich auch die Lage der Hausindustriellen entsprechend gestalten. —

8. Herstellung von Filzschuhen und Filzpantoffeln.

In den noch zur Kreishauptmannschaft Leipzig gehörigen und dicht an der Grenze des hier besprochenen Bezirks gelegenen Orten Pegau und Groitzsch wird seit langen Jahren die Herstellung von Filzschuhen und Filzpantoffeln schwunghaft betrieben, anfänglich wohl nur hausindustriell, jetzt aber auch fabrikmäßig unter gleichzeitiger Heranziehung hausindustrieller Arbeiter, von welchen ein, wenn auch nur sehr geringer Teil in unserem Bezirke (z. B. in Zwenkau) wohnt. Außerdem besteht in der zu letzterem gehörigen kleinen Stadt Taucha eine Filzwarenfabrik, welche neben 5—6 Fabrikarbeitern noch etwa 11 Hausindustrielle beschäftigt.

Hergestellt werden also von den Hausindustriellen genähte Filzschuhwaren, welche später in der Fabrik noch garniert, mit Besatz versehen werden. Hierzu liefert der Unternehmer den meist bereits zugeschnittenen Filz, sowie das ebenfalls bereits zugeschnittene Leder ohne Anrechnung, während der Hausindustrielle die Zuthaten: Hanfgarn, Pappendeckel, Kleister, Zwirn und Pech selbst stellt und meist vom Unternehmer zum Selbstkostenpreis bezieht. Der Aufwand hierfür beträgt etwa 50 Pf. für ein Dutzend Schuhe.

Die Reihenfolge der Arbeiten ist folgende: Nach dem Zuschneiden des Filzes für Oberfilz und Sohlen (sofern dies nicht bereits in der Fabrik geschehen ist) folgt das Aufzwicken des Oberstücks auf die Filzsohle; hieran schließt sich das sog. Einbinden, d. h. Festnähen beider Teile, dann wird die Einlage aus Pappe eingebracht, die Ledersohle (wo eine solche verlangt ist) aufgeheftet und mit Schuhdraht angenäht, Oberfilz und Sohlen beschnitten und mit dem Ausleisten schließt die Arbeit; nur daß bei den

Pantoffeln noch die Absatzflecke aufzubringen sind. — Bei den Hausindustriellen des hiesigen Bezirks scheinen in diesem Gewerbe die Frauen nur selten mitzuarbeiten, und wenn es geschieht, auch nur soweit es die Hauswirtschaft erlaubt. Nur hier und da werden zuweilen einmal Kinder eine Stunde lang zum Einbinden mit herangezogen, während andererseits konstatiert werden konnte, daß die Ehefrauen mehrfach einen selbständigen Erwerb haben. So waren die Frauen zweier solcher Hausindustriellen als Leichenfrauen thätig. Gehülfen werden nicht gehalten. — Die in den letzten 2 Jahren etwas gefallenen Löhne stellen sich für die Leute in Taucha

auf ℳ 3. 40 für das Dutzend Damen-Schuhe oder Pantoffeln,
„ „ 3. 75 „ „ „ Herren „ „ „
„ „ 2. 75 „ „ „ Mädchen „ „ „
„ „ 2. 70 „ „ „ Kinder „ „ „

und verdient ein Mann, der täglich 12 Stunden unter Beihülfe seiner etwa 8 Stunden mitthätigen Frau arbeitet, bei diesen Sätzen durchschnittlich ℳ 12 die Woche. Dabei hält die Arbeit das ganze Jahr hindurch an und nimmt im Winter einen recht lebhaften Charakter an. Nicht alle Tauchaer Leute beschäftigen sich allein mit der Schuhfabrikation; einige derselben sind Musikanten und lassen, wenn sie eine Nacht hindurch als solche etwa ℳ 3 verdient haben, dann die beiden nächsten Tage das eigentliche Handwerk gänzlich beiseite zum eigenen Schaden und zum Ärger des Fabrikanten.

Die für Pegauer Fabriken arbeitenden Hausindustriellen in Zwenkau erhalten für das Dutzend Herrenschuhe ℳ 5, für Damenschuhe ℳ 4. 50 und kann der Einzelne bei 12stündiger täglicher Arbeitszeit wöchentlich etwa 2 Dutzend anfertigen. Außer dem Handwerkszeug als: Leisten, Messer, Scheeren, Hämmer, Zangen, Örter und Zwecken werden noch Schuhmacher-Nähmaschinen benutzt, doch haben nicht alle Leute eine solche; mit Hülfe derselben werden die Seitennähte der Schuhe hergestellt. Diejenigen Hausindustriellen, welche eine Maschine nicht besitzen, lassen diese Nähte gegen eine entsprechende Vergütung von den Berufsgenossen herstellen, welche über eine solche verfügen.

In beiden Orten zusammen habe ich nur 2 solcher Leute gefunden, welche ein eigenes Häuschen und etwas Ackerland besaßen und unter diesen Umständen mit ihrer Lage zufrieden waren; der eine derselben zog sogar noch ℳ 60 für Vermietung einiger Räume aus seinem Grundbesitz. Nur diese beiden Männer hielten sich eigene Arbeitsräume, die anderen Schuhmacher arbeiten in den Wohnräumen. — In Taucha erfolgt die Ablieferung der fertigen Ware wöchentlich einmal gegen sofortige Barzahlung, während die Zwenkauer Schuhmacher, welche ihre Arbeit nach Pegau bringen müssen und dabei jedesmal einen Tag verlieren, nach Belieben abliefern. — Mit Ausnahme jener beiden Grundbesitzer ist die Lage der Leute eine knappe, doch würden dieselben bei gewandterem Arbeiten wohl sich noch etwas besser stellen können; es ist nicht zuviel gesagt, wenn man annimmt, daß 7 tüchtige Arbeiter mit Leichtigkeit die Arbeit der 11 Hausindustriellen in Taucha ausführen könnten.

Fabrikmäßig werden diese Schuhwaren außer an den genannten Orten z. B. noch in Oschatz, Waldheim, Hartha in Sachsen, Berlin und in Fürth hergestellt; über den Preisdruck, welchen die in Berlin und Oschatz hergestellte unsolide Ware auf das Geschäft ausübt, wird sehr geklagt. Wie ein Fabrikant sich bezeichnend ausdrückt, „will heute jede Kuhmagd Schleifen und Rosetten auf den Schuhen haben, wenn letztere dann auch in 4 Wochen entzwei sind“. Nicht weniger beschwerlich wird der Wettbewerb der Zuchthausarbeit empfunden und sollen trotz der gestiegenen Preise der Rohmaterialien die Preise für die fertige Ware gefallen sein. Der Absatz der letzteren geht durch ganz Deutschland; größere Fabrikanten führen auch aus.

Bei dem Vorteil der strengen Arbeitsteilung in den Fabriken wird man wohl eher ein Zurückgehen unserer Hausindustrie für die Zukunft annehmen dürfen, namentlich bei dem Preisdruck der gerade in Fabriken angefertigten unsoliden Ware.

Die Herstellung von Lederschuhen und -Stiefeln wird nach den Mitteilungen der hiesigen Schuhmacherinnung kaum mehr hausindustriell betrieben. Die Lage des Schuhmachergewerbes am hiesigen Platze soll eine sehr gedrückte sein, so daß die Meister ihren Arbeitern nur sehr geringe Löhne zahlen können. Bei dem teuern Lebensunterhalt in Leipzig arbeiten daher manche der Gesellen, namentlich die verheirateten, wenn sie die Werkstatt des Meisters verlassen haben, zu Hause noch für eine Privatkundschaft, welche sie sich zu erwerben suchen, und soll dies die einzige Form sein, unter welcher die Hausindustrie hier noch besteht. In unserm Sinne dürfte diese Bezeichnung allerdings überhaupt nicht mehr zutreffen.

9. Handschuhfabrikation.

Wenn es auch in Leipzig einige recht bedeutende Lederhandschuhgeschäfte gibt, welche in unserem Kreise auch eine Fabrik besitzen — in einer derselben war 1889 ein Personal von 30 Köpfen beschäftigt — so hat doch die

Hausindustrie in diesem Gewerbe niemals einen besondereren Umfang reicht. Der Versuch, eine größere Anzahl von Hausindustriellen zu beschäftigen, ist zwar wiederholt gemacht worden, ist aber stets infolge schwerer Verluste wieder aufgegeben worden, welche in der Hauptsache auf die Schwierigkeit zurückzuführen sind, ein brauchbares Arbeiterpersonal heranzubilden und zu erhalten. Die hiesigen Geschäfte lassen jetzt meist an der sächsisch-böhmischen und schlesisch-böhmischen Grenze durch Vermittlung dort wohnhafter Faktore arbeiten, da in jenen Gegenden die Löhne bedeutend niedriger sind, wie im hiesigen Bezirke, dessen durchschnittlicher Lohnstand die Übernahme von Exportlieferungen z. B. in diesem Artikel vollständig ausschließen soll. Übrigens klagt man jetzt darüber, daß der hauptsächlich nach England und Amerika gehende und meist nur billige Ware erfordernde Export infolge einer unverhältnismäßigen Steigerung der Rohmaterialienpreise — sog. Schmaschen z. B. seien seit 1875 um circa 75 % gestiegen — kaum noch einen Nutzen abwerfe und daher sehr zurückgehe. So hat z. B. eines der hiesigen Geschäfte, welches nach den beiden genannten Ländern in erster Linie vierknöpfige Damenglacéhandschuhe aus den verschiedensten Ledersorten zum Preise von ℳ 15 bis ℳ 30 für das Dutzend ausführte, die Herstellung der billigeren Sorten jetzt ganz aufgegeben.

Wenn nun auch von einer hochentwickelten Hausindustrie in Lederhandschuhen für unsern Bezirk nicht die Rede sein kann, so beschäftigt doch jedes der hiesigen Geschäfte eine Anzahl hausindustrieller Näherinnen, deren Zahl zwischen 1—5 schwankt, und welche durchgängig nur Handschuhe besserer Qualität herstellen. Wenn aber nach der Berufs- und Gewerbezählung von 1882 allein aus 8 in der Stadt Leipzig belegenen Betrieben noch 187 Personen u. a. auch mit der Anfertigung von Handschuhen hausindustriell beschäftigt gewesen sein sollen, so müssen diese Personen entweder großenteils außerhalb unseres Bezirks gewohnt, oder sich noch mit der Herstellung anderer Gegenstände wie Hosenträger, Kravatten u. s. w. beschäftigt haben.

Nur ein kleiner Teil der Näherinnen lebt ausschließlich diesem Berufe, die meisten sind verheiratete Frauen, welche als Mädchen in Handschuhfabriken hier, in Altenburg oder Oschatz gearbeitet haben und sich nun nach Besorgung des Haushalts eine kleine Einnahme durch Ausübung des früheren Berufes verschaffen. Auch hier ist der Mangel an Nachwuchs von geübten Arbeiterinnen mit darauf zurückzuführen, daß zur Erlangung einer später einen ausreichenden Verdienst sichernden Fertigkeit eine kurze Lehrzeit erforderlich ist, für welche ein Lehrgeld von ℳ 10 verlangt wird; eine Lehrzeit von 4 Wochen genügt überdies nicht, es sollen vielmehr wenigstens 3 Monate erforderlich sein. Auch der hohe Preis für die beim Handschuhnähen gebrauchte Maschine (ℳ 150), welche sich die Arbeiterin ohne Beihülfe ihres Arbeitgebers zu beschaffen hat, dürfte der Erlernung dieses Gewerbes nicht gerade förderlich sein; zwar ist die Benützung einer Maschine nicht unbedingt notwendig, allein ohne eine solche ist die Näherin bei den an sich so niedrigen Arbeitslöhnen nicht imstande, einen nennenswerten Verdienst zu erzielen. — Der Arbeitgeber übergibt der Näherin das bereits zugeschnittene Leder, „die Handschuhe kommen zur Naht", und zwar die Fingerteile in besonderen Stücken; Hauptaufgabe der Arbeiterin ist dann das Einsetzen und Vernähen der Finger und die Herstellung der Knopflöcher. Die Knöpfe werden in der Werkstätte des Arbeitgebers erst angenäht, wo die Handschuhe, wie sie von der Näherin kommen, auch insofern noch eine Appretur, das sog. „Dressieren" erfahren, als sie glatt gelegt, in feuchte Tücher eingeschlagen und gestreckt werden. Schwarze Handschuhe werden überdies nochmals gefärbt, damit die Nähfäden nicht sichtbar bleiben. — Die Arbeit wird in den Wohnräumen ausgeführt, die jedoch reinlich gehalten werden müssen, da für beschmutzt abgelieferte Handschuhe beträchtliche Abzüge gemacht werden. Überhaupt muß die ganze Arbeit sauber und exakt hergestellt werden, es kommt dabei auf jeden Stich an und insofern ist das Handschuhnähen immerhin anstrengend. Auch die Bedienung der Maschine ist nicht ohne Anstrengung, da sie nur mit einem Fuß getreten wird und das Arbeitsstück nicht aufgelegt werden kann, sondern frei gehalten werden muß, was eine feste und sichere Hand erfordert. Eine Art Arbeitsteilung ist insofern gebräuchlich, als man, um die Augen zu schonen, bei Licht nur die Knopflöcher näht. Eine geschickte Arbeiterin, welche von morgens 8 Uhr bis abends 6 Uhr thätig ist, kann durchschnittlich 10 Paar Handschuhe in dieser Zeit fertig stellen und dabei nicht ganz ℳ 2 verdienen.

Die in den letzten 5 Jahren ziemlich unverändert gebliebenen Löhne richten sich nach der Zahl der Knöpfe an den Handschuhen; für jeden Knopf mehr steigt der Lohn um 20 Pf. für das Dutzend. Gewöhnliche Herrenhandschuhe werden mit ℳ 1. 80, vierknöpfige Damenhandschuhe mit ℳ 2 für das Dutzend bezahlt, doch gewähren einzelne Geschäfte schon für ein- und zweiknöpfige Handschuhe einen Arbeitslohn von ℳ 2. — Bei voller Thätigkeit und zehnstündiger täglicher Arbeit kommt die Näherin auf ℳ 10—15 Wochenlohn, während Frauen, die ihren Haushalt noch zu besorgen haben, je nach Umständen nur ℳ 3—6 in der Woche verdienen. Die Auszahlung erfolgt in barem Gelde sofort bei der Ablieferung, die in der Regel an bestimmte Tage gebunden ist. Nadeln und Zwirn, resp. Seide, stellen die Näherinnen selbst, und finden es nur dann vorteilhaft, die letzgenannten Materialien vom Arbeitgeber (zum Selbstkostenpreise) zu entnehmen, wenn sie vielfach Handschuhe in verschiedenen Farben zu nähen haben, da sie in diesem Falle den nur in geringer Menge erforderlichen Zwirn oder die Seide in Detailgeschäften zu teuer bezahlen müßten.

Die Beschäftigung ist das ganze Jahr hindurch eine ziemlich gleichmäßige; nur vereinzelt soll im Sommer eine 1—2monatliche Stille, nicht aber eine völlige Unterbrechung vorkommen.

Ebensowenig wie Kinder beschäftigt werden, findet man Gehülfinnen bei den Hausindustriellen, abgesehen davon, daß, was jedoch immer seltener wird, die letzteren einmal ein nur kurze Zeit verbleibendes Lehrmädchen beschäftigen.

Anhang: Stoffhandschuhe.

Die Herstellung von Stoffhandschuhen, geschnittenen und gewebten Handschuhen, wird von mehreren Leipziger Firmen betrieben, deren eine nach der Fabrikenzählung vom 1. Mai 1889 ein Personal von 157 Köpfen beschäftigte, und welche sämtlich zugleich zahlreichen Hausindustriellen Arbeit geben. Der weitaus größte Teil der letzteren, vor allem sämtliche Weber, wohnt jedoch nicht in unserm Bezirk, vielmehr meist in der Chemnitzer Gegend, so daß für die Zwecke dieser Arbeit nur eine geringe Anzahl von Frauen und Mädchen in Betracht kommt, welche sich mit dem Nähen der Handschuhe beschäftigen. — In früheren Jahren hatte dieser Industriezweig in unserm Bezirke eine hohe Blüte erreicht, sodaß die Fabrikanten, um die Nachfrage nur einigermaßen befriedigen zu können, insbesondere bei dem Betrieb der Kettenstühle zur Nachtarbeit greifen mußten; einer derselben arbeitete 1885 mit 15 Webemaschinen, 8 Zuschneide- und 120 Nähmaschinen, ungerechnet die von ihm in der Hausindustrie beschäftigten Maschinen. Leider trat nur zu bald Überproduktion ein, die Preise der Waren sanken ganz bedeutend und der Rückschlag auf die Löhne blieb dann nicht aus. Dieselben sind in den letzten Jahren für die Weber um 30—40 %, für Näharbeit um 20—30 % zurückgegangen.

Hergestellt werden aus Kammgarnen, italienischer Seide, schweizer Baumwolle und englischem Zwirn wollene, halbwollene, seidene, halbseidene und baumwollene Handschuhe, die vielfach nach England ausgeführt werden.

In unserm Bezirke werden nur Näherinnen beschäftigt, meist verheiratete Frauen, deren Verdienst, da sie in der Hauptsache ihren Haushalt zu besorgen haben, ein sehr verschiedener und schwankender ist. Näherinnen, welche täglich 12 Stunden auf diese Arbeit verwenden, können auf ℳ 8 bis 10 Wochenlohn kommen, wie ihn auch die in der Fabrik selbst beschäftigten

Mädchen erreichen. Dabei ist aber zu beachten, daß die Hausindustriellen sich die Zuthaten an Seide, Zwirn u. s. w. noch selbst stellen müssen und — soweit sie Nähmaschinen benutzen — diese sich aus eigenen Mitteln zu beschaffen haben.

Die Lohnzahlung erfolgt einmal wöchentlich in der Fabrik und werden für verdorbene resp. unbrauchbare Ware Abzüge gemacht, was übrigens selten vorkommen soll. — Die Beschäftigung ist das ganze Jahr hindurch eine ziemlich gleichmäßige, da die Übergänge von einer Jahreszeit zur andern und damit der Übergang vom Tragen leichter Handschuhe zu wärmeren, nur eine kurze Unterbrechung bedingen.

Trotz der keineswegs günstigen Lage der Weber sowohl wie der Näherinnen, soll doch kaum ein Rückgang in der Zahl derselben zu bemerken sein und ist man allgemein der Ansicht, daß die Hausindustrie auf diesem Gebiete auch in absehbarer Zukunft noch nicht vom Fabrikbetrieb verdrängt werden würde. —

10. Rüschen- und Plissé-Fabrikation.

Eine Industrie, welche in den letzten beiden Jahrzehnten in Leipzig eine bedeutende Entwicklung erfahren hat, namentlich seit durch die Erfindung eines hiesigen Fabrikanten die Anwendung von Maschinen ermöglicht worden war, ist die Fabrikation von Rüschen, jener aus Mull, Crèpelisse, Tüll, Battist u. s. w. hergestellten, jetzt mit heißen Maschinen gepreßten (getollten) Einheftstreifen an den Kragen der Damenkleider.

Solange die Mode der niedrigen Kragen bestand, war der Rüsche ein größerer Raum zu ihrer Entfaltung gelassen und nahm ihre Herstellung bald einen derartigen Aufschwung, daß im Jahre 1883 nicht weniger wie 22 derartige Fabriken hier bestanden, gegen nur 2 im Jahre 1876. Teils infolge des übermäßigen Wettbewerbes am hiesigen Platze selbst (aber auch im übrigen Deutschland), teils der älteren österreichischen Fabriken und der neu hinzugekommenen in Rußland und Südamerika, vor allem aber infolge der veränderten Mode, welche sich mehr den hohen Kragen zuwandte, erlitt das Geschäft im hiesigen Bezirke eine wesentliche Einbuße. Zwar behauptet Leipzig namentlich in den aus Mull und Crèpe-lisse hergestellten eigentlichen Rüschen, die nach allen Weltteilen ausgeführt werden, immer noch den Vorrang, allein der Nutzen, welchen dieser Industriezweig seither sogar in ganz bedeutender Höhe abgeworfen hatte, wurde immer geringer, besonders seitdem die so rasch wechselnde Mode, welche sonst dieses oder jenes Muster ein halbes Jahr, ein Jahr oder noch länger zu tragen gestattet hatte, die

Geltung eines Musters mitunter auf nur einige wenige Wochen einschränkte, so daß seine vorteilhafte Ausnutzung oft gar nicht möglich war, während andererseits die durch Hervorbringung neuer Ideen und Abwechslungen verursachten bedeutenden Spesen oft in keinem Verhältnisse mehr zum Gewinn des Geschäftes standen. — Nach der Fabrikzählung am 1. Mai 1889 bestanden in der Stadt Leipzig 11 Fabriken mit 967 Arbeitern (hierunter 895 weibliche), während 1885 noch etwa 1500 Arbeiter beschäftigt wurden und der Wert der Gesamtdarstellung Leipzigs in diesem Gewerbe sich auf 5 Millionen Mark stellte. Die Mehrzahl der Arbeiterinnen verdiente damals *M* 10—15 pro Woche, doch kamen auch Löhne bis *M* 24 vor. — An die Stelle der getollten Rüschen traten mit der Mode der hohen Stehkragen an den Damenkleidern die glatten Streifen von Atlas, halbseidenem Satin und feinen Baumwollenstoffen, welche mit Perlen, Metallbördchen und Schnüren besetzt wurden. Dieser verschiedenartige Besatz muß zum großen Teile mit der Hand aufgenäht werden und damit gewinnt denn die Rüschenfabrikation, welche sich bis dahin der Hausindustrie gar nicht bedient hatte und auch gar nicht bedienen konnte, ihre Bedeutung für diese, welcher sie das Aufnähen des Besatzes auf die Streifen und Rüschen zum größten Teile überwies. Die Heranziehung der Hausindustrie wurde um so notweniger, als bei dem bereits erwähnten plötzlichen Wechsel der Mode die Ausnutzung eines augenblicklich gangbaren Musters in größter Eile und Hast erfolgen mußte, was mit den in der Fabrik allein vorhandenen Arbeitskräften meist nicht möglich gewesen wäre.

Die alleinige Arbeit, mit welcher die Hausindustrie — und zwar erst seit etwa 5 Jahren — an der Herstellung von Rüschen beteiligt ist, besteht also in dem Aufnähen des verschiedenartigen Besatzes (meist Perlen) auf die eigentlichen Rüschen sowohl, als auch auf die schmalen, glatten Einheftstreifen von Atlas, Perkal u. s. w., und da dies Aufnähen, wie ebenfalls bereits gesagt ist, meist mit der Hand geschehen muß, so eignet sich die Arbeit auch sehr wohl für die Hausindustrie.

Wieviel Personen auf diese Weise in unserm Bezirke beschäftigt werden, war mit Sicherheit nicht zu ermitteln; die mitgeteilten Schätzungen, deren eine 40—80, deren andere etwa 150 Personen angibt, sind nach den Angaben, welche die einzelnen Unternehmer über die Zahl der von ihnen selbst beschäftigten Hausindustriellen machten, bestimmt zu niedrig gegriffen, da allein schon 2 Unternehmer mit einem Fabrikpersonal von 211 resp. 98 Köpfen die Zahl ihrer Hausindustriellen als gleich einem Drittel resp. der Hälfte des ersteren bezeichnen. Übrigens ist insofern die Zahl der hausindustriellen Arbeiterinnen — und es handelt sich nur um Personen weiblichen Geschlechts — eine sehr schwankende, als sie von der Saison und Mode beeinflußt wird. Während z. B. in der größten hiesigen Fabrik in den ersten 8 Monaten des Jahres 1889 soviel Aufträge vorlagen, daß sich Mangel an geübten Arbeitskräften geltend machte, ruhte in derselben und in mehreren andern Fabriken die Arbeit der Hausindustriellen in den letzten 3 Monaten des vergangenen Jahres fast ganz. Von wieder anderen Unternehmern wird allerdings berichtet, daß sie die Hausindustriellen fast das ganze Jahr hindurch ununterbrochen hätten arbeiten lassen können. Soviel aber ist gewiß, daß, wenn sich die Mode einmal von den Perlenrüschen abwenden wird, die Beschäftigung der Hausindustriellen in diesem Industriezweige überhaupt wieder ganz aufhören wird.

Auch hier sind es vielfach Frauen und Töchter kleiner Beamten, Lehrer, Handlungsgehülfen u. s. w., welche sich durch Übernahme derartiger Arbeit die Mittel zur Aufbesserung des Haushalts beschaffen; alleinstehende Mädchen scheinen sich dagegen dieser Arbeit, d. h. soweit die Hausindustrie in Frage kommt, weniger zuzuwenden, was wohl mit dem sehr geringen Verdienste zusammenhängen dürfte. —

Der Lohn — Stücklohn — richtet sich nach der Art der Arbeit: für feinere Sachen werden 10—12 Pf. für den Meter, für gewöhnliche Arbeit, die allerdings auch weit leichter ist, nur 1½—5 Pf. gezahlt. Der Verdienst ist je nach dem Umfange der Thätigkeit, welche die Arbeiterin noch ihrer Wirtschaft zuwendet, natürlich ein sehr verschiedener: so bezifferten die Frau eines Postbeamten und diejenige eines städtischen Angestellten bei 8—9stündiger, jeden Tag auf das Besetzen von Rüschen verwandter Arbeit ihren Wochenverdienst auf nur ℳ 3—5. Alleinstehende Mädchen, die sich ihre allerdings sehr kärgliche Mahlzeit selbst bereiten, wollen höchstens auf einen Wochenlohn von ℳ 6 gekommen sein. Eine solche Arbeiterin, die für die von ihr gemietete, und mit ihr selbst zugehörigen Möbeln ausgestattete Stube im Monat sechs Mark Miete zahlt (im Vorort Lindenau), versicherte, daß ihr nach Bestreitung der notwendigsten Lebensbedürfnisse nicht das Geringste übrig bleibe und an ein Sparen gar nicht zu denken sei.

Nach Angabe der Unternehmer dagegen sollen Frauen und Mädchen, welche einen verhältnismäßigen Teil des Tages ihrer Hausarbeit widmen, auf einen Wochenlohn von ℳ 6—8 kommen, die nicht im Haushalt thätigen aber auf ℳ 10—12. Als diese Angaben den mündlich vernommenen Arbeiterinnen vorgehalten wurden, erklärten sie derartige Verdienste höchstens für Ausnahmefälle. Jedenfalls ist die größere oder geringere Fertigkeit im Nähen von wesentlichem Einfluß auf den Verdienst, und gerade bei den in der Rüschenfabrikation beschäftigten Arbeiterinnen habe ich den

Eindruck erhalten, als wenn die Klagen über den so außerordentlich geringen Verdienst weniger berechtigt wären, als wie die Klagen der Unternehmer über die geringe Geschicklichkeit der Arbeiterinnen. So waren z. B. jene beiden bereits erwähnten Ehefrauen und auch die alleinstehende Arbeiterin früher Dienstmädchen gewesen, keine derselben hatte eine Lehrzeit im Nähen oder sonstiger weiblicher Handarbeit durchgemacht, aber alle drei versicherten sie, daß die von ihrem Arbeitgeber, für welchen sie Rüschen besetzten, hausindustriell beschäftigten Kravattennäherinnen in der Woche bis ℳ 15 verdienten, und auf die Frage, weshalb sie sich denn nicht ebenfalls um solche weit lohnendere Arbeit bemühten, antworteten sie ebenso einstimmig: „Ja, die können wir nicht machen!" Ich bin weit davon entfernt, die hier den Hausindustriellen gezahlten Löhne als besonders gute oder gar glänzende zu bezeichnen, aber bei der außerordentlich gedrückten Lage dieser Industrie, deren Absatz nach Österreich, Rußland und Frankreich durch hohe Zölle in den letzten Jahren fast völlig gesperrt ist, darf es nicht Wunder nehmen, wenn Arbeiterinnen, deren Fertigkeit nicht über das allergewöhnlichste Können hinausgeht, auch nur einen sehr mäßigen Verdienst zu erreichen in der Lage sind.

Die Lohnzahlung erfolgt wöchentlich in barem Gelde; Abzüge sind nicht üblich. Die Lohnsätze sind in den letzten Jahren etwas gesunken, teils infolge des allgemeinen Rückgangs in dieser Industrie, teils weil die Nachfrage gerade nach den feineren Sachen sehr nachgelassen hat. Die Arbeit wird den Hausindustriellen direkt durch die in den Fabriken angestellten Direktricen angewiesen und zu Hause in den Wohnräumen fertig gestellt. Einzelne Unternehmer lassen sämtliche Besatzarbeiten durch Hausindustrielle herstellen, andere, wohl die größten, einen Teil dieser Arbeit auch in der Fabrik besorgen, ohne daß hiermit besondere Vorteile verbunden wären, aber auch ohne Einfluß auf den Umfang, in welchem überhaupt Hausindustrielle beschäftigt werden. Die Fabrikanten liefern den Hausindustriellen die Rüschen nebst sämtlichen Besatzgegenständen (ohne Berechnung der letzteren), so daß sich diese nur die Nadeln und den Zwirn zu beschaffen haben. Den Zwirn entnimmt man meist vom Unternehmer, der ihn billiger abgibt, wie Detailgeschäfte. Nur in seltenen Fällen ist die Anwendung einer Nähmaschine erforderlich; die wenigen Arbeiterinnen, welche eine solche hier und da gebrauchen, besitzen sie dann als Eigentum.

Nachdem der Besatz auf die Rüschen genäht ist, sind diese in den meisten Fällen verkaufsfertig; nur ein kleiner Teil der durch die Hände der Hausindustriellen gegangenen Arbeiten erfährt noch durch Zusammenstellung mit anderem Material (Spitze, Atlas u. s. w.) eine weitere Veränderung, resp. Verbesserung.

Die Preise der Ware sind in den letzten Jahren nicht unerheblich zurückgegangen und schwanken dieselben für die hier allein in Frage kommenden Perlrüschen zwischen 8 Pf. bis ℳ 1. 50 für den Meter. Die Aussichten für die Zukunft sind für Unternehmer wie Hausindustrielle keine besonders guten; die Gestaltung derselben hängt wesentlich von dem ungewissen Gange der Mode ab, welche durch Abwendung von den Perlrüschen die seither beschäftigten Hausindustriellen vollständig ihres Erwerbs berauben würde.

Es ist bereits oben angedeutet, daß ein Teil der Unternehmer bei der ungünstigen Lage des Rüschengeschäftes sich der Herstellung noch anderer Gegenstände, von Kravatten, hier und da auch von Korsets und Schürzen zugewandt hat. Bei der Neuheit der Einführung dieser Artikel, welche übrigens ebenfalls großen Preisschwankungen unterworfen sein sollen, konnte man noch kein abschließendes Urteil darüber erhalten, ob ihre Herstellung dauernd lohnend sein und fortgesetzt werden würde. Hier können übrigens nur solche Hausindustrielle Beschäftigung finden, welche eine größere Fertigkeit und Geschicklichkeit im Nähen besitzen, wogegen dann auch ihre Verdienste besser sind.

11. Stickerei, Häkelei, Filetarbeit, Strickerei, Wirkerei und Wollwarenfabrikation.

Wenn nach der Berufszählung von 1882 in Stadt und Amtshauptmannschaft Leipzig nur 89 hausindustrielle Hauptbetriebe mit 92 Personen in oben benannten Industriezweigen vorhanden gewesen sein sollen, so ist damit weder für die damalige Zeit, noch für jetzt die Zahl derjenigen Personen auch nur annähernd erschöpft, welche in jenen Gewerben einen Verdienst suchen. Es wurden 1882 allerdings weiter im hiesigen Bezirke noch 9 Betriebe gezählt, von welchen aus 863 Personen hausindustriell beschäftigt wurden; allein ich vermute, daß unter diesen 863 Personen zwar die außerhalb unseres Bezirks wohnenden Hausindustriellen mit einbegriffen sind, nicht aber die zahlreichen Frauen und Mädchen besserer Stände, welche für die hiesigen Unternehmer Handstickereien und Häkelarbeiten jeder Art anfertigen und daher ganz entschieden ebenfalls als Hausindustrielle anzusehen sind, wenn auch der Umfang jener Thätigkeit bei Einzelnen kein großer sein mag. Thatsächlich ist die Zahl der im hiesigen Bezirk allein mit Stickerei hausindustriell sich beschäftigenden „Damen“ auf mindestens 300 zu schätzen und ein einziges hiesiges Haus beschäftigt ferner hier und in der nächsten Umgegend etwa 150 den besseren Ständen angehörige Frauen und Mädchen mit Häkelarbeit in baumwollenen Garnen.

Eine genaue Auskunft über die Zahl der Hausindustriellen zu erhalten, ist unmöglich. Die betr. Unternehmer erklären vielfach, nur „Damen" zu beschäftigen, welche die Arbeit nur nebenbei ausübten und über deren Verdienst u. s. w. sie keine Auskunft geben könnten, resp. dürften.

Diese Konkurrenz, welche „Damen" den Arbeiterinnen machen, ist schon oft besprochen und ebenso oft getadelt worden. Der Tadel ist stets da ein berechtigter, wo die „Dame", ohne dazu eine Veranlassung zu haben, die Arbeit zu so niedrigen Preisen übernimmt, daß die einfache Arbeiterin unmöglich dabei bestehen könnte; auch dann, und hauptsächlich dann ist der Tadel berechtigt, wenn ein derartiger Erwerb nur zur Verbesserung des Taschengeldes oder der Garderobe der „Dame" dienen soll. Aber es darf auch nicht übersehen werden, daß die weiblichen Mitglieder gar mancher Beamtenfamilie, welche zu den höheren Ständen gehört, gar manche Beamtenwitwe mit unversorgten Töchtern auf eine derartige Arbeit geradezu angewiesen sind, zumal dann, wenn die Höhe des Gehaltes resp. der Pension im schroffen Mißverhältnis zur Zahl der Familienmitglieder steht. Übernehmen solche Frauen die Arbeit zu Preisen, welche den Wettbewerb der Frau aus dem Arbeiterstande einfach unmöglich machen, dann geschieht dies nach meiner Ansicht vielfach in der Befürchtung, bei höheren Forderungen diesen so notwendigen Erwerb zu verlieren, und es mag auch nicht an Unternehmern fehlen, welche eine derartige Besorgnis auszunutzen wissen. Es sind dies dieselben Unternehmer, über deren unsolide Geschäftsgebahrung wir auch in diesem Industriezweige viele Klagen zu hören bekamen; gerade eines der ältesten Leipziger Häuser, welches übrigens auch andere Konfektionsartikel führt, war es, dessen Inhaber sich darüber scharf aussprach, daß die Preise für fertige Waren und damit auch die Arbeitslöhne namentlich in Massenartikeln — wozu neben Stickereien noch Schleifen, Hauben u. dgl. gehören — durch gewisse Firmen in einer geradezu skandalösen Weise herabgedrückt worden seien. Ein anderer Unternehmer klagt außer über die Schleuderpreise und die sog. Ausverkäufe noch über die Leichtigkeit des Konkursmachens dieser Art von Geschäften. Unter solchen Umständen ist es nur zu begreiflich, wenn der Verdienst der Arbeiterinnen, mögen sie nun einem Stande angehören, welchem sie wollen, nur ein geringer ist, und wenn auch für die Zukunft keine besseren Aussichten bestehen, zumal das Angebot von Arbeitskräften stets stärker ist, wie die Nachfrage. — Die Strickerei und Wirkerei in Wollgarnen soll bei Anfertigung von Wollwaren besonders besprochen und hier zunächst die Anfertigung von Stickereien auf Kanevas, Stoffe, in Wolle, Seide und Perlen, die Herstellung von Spitzen, Schleifen, Hauben und Seidenfiletarbeiten berücksichtigt werden.

Ein Teil der hiesigen Geschäfte läßt nur bei Hausindustriellen arbeiten, andere beschäftigen auch in ihrem Etablissement noch einige Frauen und Mädchen, und zwar entweder mit Vorarbeiten für die von den Hausindustriellen fertig zu stellenden Stickereien, oder auch mit Fertigstellung der von den letzteren gelieferten Fichus, Kragen und Hauben durch Anbringung von Spitzen und Bändern, während endlich eine sehr bedeutende Firma neben zahlreichen Hausindustriellen und einigen im Geschäft fest angestellten Damen noch die weiblichen Insassen dreier Zuchthäuser für sich arbeiten läßt. Ein Teil der Stickereien wird übrigens nur angefangen verkauft und von den Privatkunden selbst vollendet. — Die Hausindustriellen sind zum überwiegenden Teile den besseren Ständen angehörige Frauen und Mädchen, doch war es leider nicht möglich zu ermitteln, wie viele derselben etwa der sog. arbeitenden Klasse angehören. Gehülfinnen beschäftigen die Hausindustriellen nicht, ebensowenig Kinder (mit der bei der Seidenfiletarbeit zu erwähnenden Ausnahme). — Die Löhne — sämtlich Stücklöhne — sind der Natur der Sache nach außerordentlich verschieden, so daß hier darauf verzichtet werden muß, einige derselben anzugeben. Hervorgehoben soll nur werden, daß die Löhne von Jahr zu Jahr sich verschlechtert haben, teils infolge des starken Angebots von Arbeitskräften, welches dann von gewissen Geschäftsinhabern entsprechend ausgenutzt wurde, teils auch infolge der durch die Maschinenstickerei ermöglichten billigen Herstellung von Massenartikeln. Bei mindestens 8stündiger täglicher Arbeitszeit wird mit Sticken etwa 75 Pf. bis ℳ 1 verdient, doch sind dies dann schon bessere Sachen, welche nicht allzu häufig vorkommen. Bei Phantasiestickereien ist freilich auch die Erreichung eines Verdienstes von ℳ 3—5 täglich möglich, nur ist einmal die Nachfrage hiernach keine besondere, und andererseits sind nur ganz hervorragend geschickte Arbeiterinnen hierzu imstande. — Arbeit ist das ganze Jahr hindurch vorhanden und nimmt dieselbe regelmäßig in Rücksicht auf das Weihnachtsfest schon von Juli ab zu. Die Ablieferung der fertigen Arbeit erfolgt nach Belieben der Hausindustriellen, welche stets in direktem Verkehr mit den betr. Geschäften stehen und erhalten dieselben großenteils sofort bare Zahlung, während eine bedeutende und ältere hiesige Firma auf Wunsch der von ihr Beschäftigten nur einmal monatlich mit denselben abrechnet. Dieselbe läßt auch Hauben u. dgl. anfertigen und kann hierbei bis ℳ 25 und 30 monatlich verdient werden. — Auch die den sog. arbeitenden Klassen angehörigen Frauen betreiben die Anfertigung von Stickereien u. s. w. nur als Nebengewerbe neben der Besorgung des Haushalts und gerade sie werden durch die fabrikmäßige und maschinelle Herstellung billiger Ware, welche sich übrigens leicht von Handarbeit unterscheidet, am meisten geschädigt, namentlich seit die im hiesigen Bezirke belegenen Fabriken von Stickereien und Spitzen die Beschäftigung Hausindustrieller entweder ganz aufgegeben oder nach dem Voigtlande und Erzgebirge verlegt haben.

Sämtliches Material wird den Hausindustriellen ohne Anrechnung geliefert, nur die Stickrahmen z. B. sind Eigentum der Hausindustriellen und besteht das erstere aus Seide, Wolle, Gold, Perlen und Stoffen aller Art. Das Absatzgebiet für die fertige Ware ist, abgesehen von dem bei manchen Geschäften überwiegenden lokalen Bedarf, ganz Deutschland; einiges wird auch exportiert. So z. B. gestickte Tischdecken und Tücher nach England, Nordamerika und Australien, gestickte Kachemirtücher nach Spanien und Portugal. Über den bereits erwähnten nachteiligen Einfluß einer gewissen Art von Geschäftsleuten wird viel geklagt und immer wieder hört man den Ausspruch: „Nur wenn die Unreellität an der Wurzel angefaßt wird, kann es besser werden!“ --

In früheren Jahren soll Leipzig ein nicht unbedeutender Platz für Seidenfiletarbeiten gewesen sein; doch hat sich seit 12—15 Jahren die Mode fast ganz von diesem Artikel abgewandt; damals wurden viele sog. Phantasieartikel und mit Chenille und Band durchzogene Sachen angefertigt, heute werden nur noch einfache, kleine Netze und weit weniger Tücher und dergl. wie früher verlangt. Infolge dieses Umschlages in der Mode nimmt die Zahl der geübten Arbeiterinnen immer mehr und mehr ab, neue Arbeitskräfte werden nicht mehr angelernt und sollen im hiesigen Bezirk höchstens noch 50—60 Personen sich mit Seidenfiletarbeit beschäftigen. Wenn daher der hiesige Unternehmer doch einmal wieder einen größeren Auftrag erhält, ist er, namentlich sobald die Sache eilig ist, gar nicht einmal imstande, die ganze Arbeit hier anfertigen zu lassen, zumal die hier noch vorhandenen wenigen Hausindustriellen alle in vorgerückten Jahren stehen. Man ist daher gezwungen, in solchen Fällen im Elsaß arbeiten zu lassen, wo es übrigens ebenfalls an Arbeitskräften zu fehlen beginnen soll. —

Nur verheiratete Frauen und Witwen beschäftigen sich in unserm Bezirk mit Seidenfiletarbeit und auch diese nur, soweit es ihnen die Besorgung des Haushaltes erlaubt. Kinder sind dabei nur insoweit thätig, als sie ihren Müttern bei dem Spulen der Seide und Einziehen der Gummischnur in die Netze behülflich sind, Arbeiten, welche nur wenig Zeit in Anspruch nehmen und keineswegs anstrengend sind. Das eigentliche Filieren selbst dagegen ist eine angreifende Arbeit und macht daher nach mehrstündiger Thätigkeit jedesmal eine längere Unterbrechung notwendig; ein Arbeiten mit der feinen schwarzen Seide bei Licht ist fast ganz unmöglich und jedenfalls für die Augen sehr nachteilig. Höchstens 6 Stunden dürfte die regelmäßige tägliche Arbeitszeit der Leute betragen und nur in seltenen Fällen steigt sie auf 9 Stunden. Die Löhne werden für das Stück oder das Dutzend bezahlt und richten sich darnach, ob weites oder enges Filet, Fonds (glatt) oder gemustert gearbeitet wird. Für das Dutzend Netze werden 55—80 Pf. gezahlt, für die teuersten ℳ 1. 80. Von der Arbeiterin selbstständig erfundene neue Muster werden ihr besonders vergütet. Der Durchschnittsverdienst beträgt ℳ 4—5 wöchentlich und nur sehr fleißige Arbeiterinnen können es auf ℳ 5—6 bringen, ein Betrag, der es an sich verbietet, auf diesen Erwerb allein seine Existenz zu gründen. Und dabei sind die Löhne gegen früher etwas gestiegen, wenigstens für die feinere Arbeit, in welcher im ganzen etwa für zehn Wochen im Jahre Aufträge vorliegen; aber trotz der teils unverändert gebliebenen, teils gestiegenen Löhne ist der Verdienst der Leute früher um die Hälfte größer gewesen, da eben seit Jahren nur noch wenig Nachfrage nach Filetarbeit ist. Eine Unterbrechung in der Arbeit tritt eigentlich nicht ein, es ist vielmehr während des ganzen Jahres Arbeit vorhanden, aber oft nur in sehr unzulänglicher Weise, was namentlich von den Monaten November und Dezember gilt. — Die Zahlung erfolgt stets sofort bei Ablieferung der fertigen Ware in bar und ohne Abzüge. — Das Rohmaterial, schwarze und farbige Seide in verschiedenen Qualitäten und Gespinnsten, wird den Hausindustriellen zu- und abgewogen, sodaß sich diese nur die allerdings leicht brechenden Nadeln selbst zu beschaffen haben. Früher hat man einmal nach dem Vorgange von England und Frankreich den Versuch gemacht, auch hier die Maschinenarbeit einzuführen, doch wurde sie bald wieder von der weit besseren und elastischeren Handarbeit verdrängt. Augenblicklich wird mehr in Baumwolle filiert, was nicht so anstrengend ist, wie das Seidenfilieren, mehr fördert und darum einen bessern Verdienst läßt, wie jenes, so daß sich erst recht keine neuen Kräfte mehr für die Seidenarbeit anlernen lassen.

Der Verkehr zwischen den Hausindustriellen und den wenigen hier am Platze noch befindlichen Unternehmern ist ein direkter und die von ersteren gelieferte Ware verkaufsfertig; sie wird nur noch auf Pappe aufgezogen und diese Pappen werden dann immer zu $^1/_4$ oder $^1/_2$ Dutzend zusammengeheftet. Der Unternehmer selbst liefert seinerseits wieder an große Kaufleute durch ganz Deutschland, doch geht, wie bereits gesagt, der Umsatz mehr und mehr zurück, ebenso die Preise, welche sich für Netze augenblicklich auf ℳ 1—14 und für Tücher auf ℳ 19—45 für das Dutzend stellen. Das Geschäft wirft jetzt so wenig ab, daß selbst der Arbeitgeber sich durch Übernahme von Agenturen u. s. w. noch einen weiteren Erwerb verschaffen muß und kann unter solchen Umständen nicht an eine Besserung für die Zukunft gedacht werden, vielmehr liegt die Wahrscheinlichkeit nahe, daß die Fabrikation in hiesiger Gegend allmählich gänzlich aufhören wird.

Das Gewerbe der Strumpfstricker und Würker ist in Leipzig ein sehr altes; heißt es doch u. a. in einer vom 17. April 1720 datierenden Eingabe des Rates der Stadt an den Kurfürsten von Sachsen, daß es den Strumpfstrickern und Würkern als Handwerkern „von undenklichen Jahren her" verstattet gewesen sei, ihre Waren auf der hiesigen Messe jedesmal 8 Tage lang feil zu halten. (Hasse, Geschichte der Leipziger Messen, S. 189.) Nach der Berufszählung von 1882 gab es im hiesigen Bezirke noch 662 derartige hausindustrielle Betriebe mit 666 Personen, und auch heute noch herrscht hier ein lebhafter Handel in Wollenwaren; aber die Fabrikation, vor allem die hausindustrielle Erzeugung, soweit dieselbe Maschinen benutzt, hat sich zum Teile wenigstens von hier weggewandt und Gegenden mit billigeren Arbeitslöhnen aufgesucht.

Chemnitz mit dem nahen Erzgebirge und dessen arbeits- und genügsamer Bevölkerung nimmt in der Herstellung der sog. Strumpfwaren jetzt unbestritten den ersten Rang ein, und seit hiesige Grossisten auch noch angefangen haben, in benachbarten Zuchthäusern arbeiten zu lassen, seitdem nimmt namentlich die maschinelle Erzeugung von Strumpfwaren hier immer mehr ab. Die Zahl der in unserm Bezirke in diesem Erwerbszweige mit Maschinen beschäftigten Personen soll noch etwa 300 betragen, was nach meinen Erhebungen entschieden viel zu hoch geschätzt ist. Dagegen gibt es eine nicht geringe Anzahl von Frauen und Mädchen aus den besseren sowohl, wie aus den niederen Ständen, die sich mit Stricken und Häkeln von Wollen- und Baumwollenwaren eine besondere Einnahme schaffen. (Vgl. das im vorigen Abschnitt bei Stickerei u. s. w. hierüber Gesagte.) So beschäftigt eine einzige hiesige Firma 173 Hausindustrielle in unserm Bezirk auf diese Weise, welche fast sämtlich Witwen, Frauen und Töchter von Beamten sind. Dasselbe Geschäft läßt seine Maschinenarbeit teils von freien Arbeitern in Sulza (Thüringen), teils in der Strafanstalt zu Halle anfertigen und beschäftigt hier am Platze nur etwa 15 Strickmaschinen.

Nach Mitteilung des Inhabers dieser Firma sollen in unserm Bezirke nicht weniger wie etwa 2000 weibliche Personen in der Strickerei und Stickerei hausindustriell beschäftigt sein. Ob diese Angabe zutreffend ist, wird schwer zu konstatieren sein; ein anderer vernommener Sachverständiger bezweifelte jedoch deren Richtigkeit. — Auch hier begegnen wir wieder lebhaften Klagen über das unsolide Verfahren gewisser Geschäftsleute, bei welchen, wie ein vernommener Sachverständiger sich ausdrückt, „das Hauptgeschäft im Pleitemachen besteht". Nicht daß diese Detailhändler selbst Hausindustrielle beschäftigten und dann durch ihren Konkurs direkt in Mitleidenschaft zögen; der Schaden, welchen sie den letzteren zufügen, ist vielmehr insofern ein indirekter, als die betr. Händler schon vor der Konkurserklärung zu wahren Schleuderpreisen losschlagen, um nur noch möglichst viel Geld herein zu bekommen, und daß hierdurch und durch den Verkauf der billigen Konkursware das Geschäft der soliden Händler derart beeinträchtigt wird, daß sie nicht mehr imstande sind, die Herstellung guter Ware entsprechend zu bezahlen. Daß wir es hier nicht mit einer vereinzelt dastehenden Ansicht zu thun haben, geht daraus hervor, daß seitens der vernommenen Sachverständigen mehrfach eine Verschärfung der Konkursordnung als dringend notwendig bezeichnet wurde. —

Betrachten wir nun zunächst die Lage derjenigen Hausindustriellen, welche mit Strickmaschinen arbeiten und mit Hülfe derselben aus Wolle und Baumwolle Strümpfe, Socken, Unterröcke u. dergl. herstellen. Ihre Zahl soll von Jahr zu Jahr zurückgehen, da sie gegen die Konkurrenz der Chemnitzer Gegend und die in letzter Zeit aufgekommene Beschäftigung der Insassen der Strafanstalten in Waldheim, Halle und Delitzsch nicht mehr aufkommen können. Während diese Leute in früherer Zeit hier ein recht gutes Auskommen fanden, sind sie seit den letzten Jahren genötigt, sich durch Zulegung eines Schnittwarengeschäfts oder Hausieren mit einem Teil der von ihnen gefertigten Waren einen erweiterten Verdienst zu schaffen, und nach der Art, wie seit Herbst 1889 infolge weiterer Zunahme der Zuchthausarbeit die Lage sich gestaltet hat, soll mit Gewißheit das gänzliche Aufhören der Maschinenstrickerei am hiesigen Platze zu gewärtigen sein.

In der Regel arbeitet die Ehefrau mit, ebenso etwa vorhandene Söhne; früher wurden auch mitunter Gehülfinnen beschäftigt, welche dann zugleich das Ladengeschäft oder den Hausierhandel mit zu besorgen hatten. Ein solches hausindustrielles Ehepaar ohne Kinder und Gehülfen verdient mit einer Maschine bei einer täglichen Arbeit von früh 1/2 6 Uhr bis abends 8 Uhr zusammen ℳ 12—15 wöchentlich! Ein anderer Hausindustrieller, welcher mit 2 Maschinen und 2 Söhnen von 23 und 25 Jahren arbeitet und in früheren Jahren in der Lage war, dem ältesten derselben ℳ 10 bis 15, dem jüngeren, der damals nur spulte, ℳ 3—5 in der Woche Lohn zu zahlen, verdient jetzt mit den beiden erwachsenen Söhnen zusammen nur ℳ 18 in der Woche, und arbeitet dabei Tag für Tag von früh 7 Uhr bis abends 9 Uhr! Er ist daher nicht mehr imstande, seinen Söhnen noch einen Lohn zahlen zu können, sondern gibt ihnen nur noch Kost und Wohnung, so daß diese das Gewerbe ganz aufzugeben beabsichtigen. Diese Familie — und sie ist typisch — versucht durch Garnhandel, Hausieren mit Strumpfwaren und Übernahme von Reparaturen in solchen sich noch einen weiteren Verdienst zu schaffen; sie lebt auf das Sparsamste, aber es ist ihr nicht möglich, mit dem geringen Erwerb, von welchem sie allein ℳ 300 für Miete der aus Küche, 2 Stuben und 2 Kammern bestehenden Wohnung (in einem Vorort der Stadt) aufwenden muß, auszukommen und der Vernommene, das ausgeprägte Beispiel eines genügsamen Erzgebirglers — er ist vor langen Jahren aus Reichendorf bei Chemnitz hierher verzogen —, sagt mit trauriger Resignation: „Was aus uns noch werden soll, ich weiß es nicht!“ Eine Stimmung, die nur zu begreiflich ist, wenn man bedenkt, daß der Mann von seinem Arbeitgeber, der ihm früher ℳ 5 für das Dutzend Strümpfe zahlte, jetzt, nachdem der letztere seit Oktober vorigen Jahres in einer Strafanstalt arbeiten läßt, für dieselbe Leistung nur noch ℳ 3—3,50 erhält. Schon bei den früheren Löhnen war angestrengter Fleiß und größte Sparsamkeit notwendig, um kleinbürgerlich leben zu können, unter den jetzigen Verhältnissen aber ist selbst das einfache Auskommen in Frage gestellt. Erschwert wird überdies noch der geringe Verdienst dadurch, daß die Qualität der seitens einiger Geschäfte den Hausindustriellen zur Verarbeitung übergebenen Garne sich verschlechtert haben soll.

Die Ablieferung der fertigen Ware erfolgt wöchentlich an bestimmten Tagen gegen sofortige Barzahlung, doch wird eine strenge Kontrolle geübt und sind Abzüge für schlechte oder nur geringere Arbeit nicht selten. Bisher hatten die Leute während des ganzen Jahres Beschäftigung, welche ihnen allerdings immer noch so viel Zeit ließ, nebenbei auch für eigene Rechnung etwas zu arbeiten. — Die Anwendung der Strickmaschine macht eigentlich einen besonderen Arbeitsraum erforderlich und fand sich ein solcher früher wohl auch überall vor, in letzter Zeit aber legen die gesunkenen Löhne den Leuten auch nach dieser Richtung hin eine sehr beklagenswerte Einschränkung auf. Die Maschinen, deren Preis ca. ℳ 250 beträgt, sind vielfach Eigentum der Hausindustriellen und wird ihre Beschaffung dem immerhin nicht unbedeutenden Preise gegenüber wohl nur durch Abzahlung ermöglicht worden sein. Andererseits überlassen die Unternehmer selbst auch an die Hausindustriellen Maschinen, berechnen für dieselben keine Miete, sondern bezahlen nur die auf denselben gefertigte Ware zu niedrigeren Sätzen. — Der Geschäftsverkehr zwischen dem arbeitgebenden Kaufmann und den Hausindustriellen ist ein direkter und liefern die Letzteren fertige Verkaufsware, höchstens daß der Kaufmann noch Knöpfe an die Röcke nähen läßt. Das für die erteilten Aufträge benötigte Garn wird den Leuten vom Arbeitgeber zugewogen, aber nicht berechnet, und muß das nicht Verbrauchte wieder abgeliefert werden. Daß die Hausindustriellen selbst das Garn sich beschaffen, soll überhaupt nicht vorkommen, und erklärt sich einfach daraus, daß jene nicht über die nötigen Mittel oder den Kredit zum billigen Einkauf im Großen verfügen. Verarbeitet werden wollene Strickgarne von ℳ 1. 80—4 Pfundpreis, welche aus thüringischen und württembergischen Fabriken bezogen werden, sowie aus Rheinland, Württemberg, u. Sachsen stammende baumwollene Strickgarne von 90 Pf. bis ℳ 2. 40 Pfundpreis.

Die Preise für die fertigen Waren sind seit einer über die betr. Industrie im Chemnitzer Bezirk vor 3 Jahren hereingebrochenen Krisis stark gesunken, doch belebt sich das Geschäft jetzt wieder und glaubt man, daß gerade Leipzig eine größere Bedeutung für diesen Artikel gewinnen werde, nachdem sich überhaupt die Textilindustrie hier in ungeahnter Weise zu entwickeln begonnen hat. Während Leipzig für viele Artikel der Textilindustrie noch vor 12 Jahren nur als Zwischenplatz galt, ist es jetzt Hauptplatz für dieselben geworden und soll in mancher Beziehung die Konkurrenz von Berlin völlig überwunden haben. Die mit Strickmaschinen arbeitenden Hausindustriellen werden freilich von einem solchen Aufschwung keinen Vorteil mehr haben; bis derselbe eingetreten sein wird, werden sie aus unserm Bezirke wohl fast gänzlich verschwunden sein, und überdies wird erst abgewartet werden müssen, ob nicht der neue amerikanische Zolltarif der exportierenden deutschen Wollwarenfabrikation, speciell derjenigen in Sachsen, eine schwere Wunde schlagen wird.

Wenden wir uns jetzt zu denjenigen Personen, welche Wollenwaren ohne Benutzung von Maschinen anfertigen; es sind dies lediglich Frauen und Mädchen, welche jene Arbeit neben der Besorgung des Haushalts vornehmen und welche zum großen Teile den besseren Ständen angehören. Kinder werden nicht mitbeschäftigt. Da ein großer Teil der Arbeiterinnen die Anfertigung von Strickwaren nur als Nebenbeschäftigung besorgt, läßt sich eine durchschnittliche tägliche Arbeitszeit derselben nicht angeben und ebenso verschieden und unregelmäßig wie diese ist auch die Höhe des Verdienstes. — Die Löhne, welche nach Stück oder Gewicht berechnet werden, sind in den letzten Jahren etwas gestiegen und werden z. B. für Lätzchen *M* 3—4, für Kinderkleidchen *M* 10—15 für das Dutzend bezahlt. Strümpfe werden nur von den Maschinenarbeitern hergestellt. Je nach der Dauer der täglichen Arbeitszeit verdienen die Handarbeiterinnen *M* 1, *M* 1. 25 — *M* 1. 50, doch ist letzterer Satz nur bei angestrengter Thätigkeit zu erreichen. — Die Arbeit wird durch die im Geschäfte des Unternehmers fest angestellten Direktricen an die Hausindustriellen ausgegeben, gleichzeitig mit der zugewogenen Menge des benötigten Garnes und den Mustern. Die Ablieferung und mit ihr die sofortige Barzahlung findet in einzelnen Geschäften einmal, in anderen zweimal in der Woche statt. Eine große hiesige Firma hat in einem der seit dem 1. Januar 1890 dem Stadtgebiete einverleibten Vororte eine eigene Ablieferungsstelle errichtet, bei welcher gleichzeitig seitens einer Direktrice auch die neue Arbeit und das erforderliche Material ausgegeben, sowie nach den vom Geschäft aus bestimmten Sätzen der Lohn ausgezahlt wird. Die Errichtung dieser Ablieferungsstelle ist nicht etwa lediglich in Rücksicht auf entfernter wohnende Arbeiterinnen erfolgt, sondern mit deswegen, weil manche der für das Geschäft arbeitenden „Damen" sich „genieren", beim Besuche des Geschäftshauses in der Stadt und dabei ein Päckchen tragend gesehen zu werden. (Vergl. hierüber die bei der Schirmfabrikation gemachte gleiche Beobachtung.)

Es ist für die Hausindustriellen das ganze Jahr hindurch gleichmäßig und genug Arbeit vorhanden; so versichert einer der bedeutendsten hiesigen Wollwarenhändler, daß er seit 15 Jahren keine Unterbrechung in der Beschäftigung außer dem Hause habe eintreten zu lassen brauchen, während andererseits manche der Arbeiterinnen, namentlich aus den bessern Ständen, nicht gerade sehr regelmäßig erschienen. Dabei wird über Mangel an geschickten Arbeiterinnen geklagt und einer der vernommenen Sachverständigen erklärte überdies, daß er am liebsten gar keine in Leipzig selbst geborene, resp. erzogene Arbeiterin beschäftigen würde, sondern die von auswärts (namentlich aus Thüringen) hierher Verzogenen bevorzuge, nicht nur weil letztere meist von früher Jugend in diesem Geschäfte thätig gewesen seien und sich dadurch eine größere Geschicklichkeit angeeignet hätten, sondern vor Allem, weil sie einen besseren Willen und Ausdauer zeigten.

Daß Hausindustrielle außer für den Unternehmer (sämtlich nur Kaufleute) noch auf eigene Rechnung und für kleinere Geschäfte, Strümpfe, Handschuhe, Röcke u. s. w. anfertigen, soll nur selten vorkommen. Die dem Arbeitgeber gelieferte Ware ist noch nicht zum Verkaufe fertig; sie wird vielmehr bei Letzterem noch einer Konfektion und Aufmachung (Kartonnierung) unterzogen — Anbringen von Besatz, Verzierungen, Knöpfen u. s. w.

Die betr. Gegenstände werden anderwärts (z. B. im Erzgebirge und in Thüringen) auch fabrikmäßig hergestellt, ohne daß jedoch die hiesigen handarbeitenden Hausindustriellen darunter zu leiden hätten. Einmal arbeiten jene Fabriken meist mit Maschinen, auch können bei weitem nicht sämtliche Wollwaren mit der Maschine angefertigt werden, und endlich läßt man in Leipzig und Umgegend hauptsächlich die feineren Sachen herstellen. Es soll hier Artikel geben, für deren Herstellung mehr Lohn gezahlt wird, wie derselbe Artikel fabrikmäßig angefertigt inkl. Rohmaterial kostet.

Die verarbeiteten Rohmaterialien sind wollene und baumwollene Garne im Preise von ℳ 6—14 für das Kilo und werden daraus Häkel- und Strickarbeiten der verschiedensten Art und in den verschiedensten Preisen hergestellt. Ein Teil der Unternehmer arbeitet lediglich für die Lokalkundschaft, andere exportieren nach England, Holland, Frankreich und Nordamerika, während z. B. Rußland durch seine Zolltarife sich für diesen Artikel ganz verschlossen hat. Als Konkurrenzorte sind Chemnitz, Oschatz, Berlin und neuerdings auch Paris zu nennen; doch glaubt man allgemein, daß, normale Zeiten vorausgesetzt, das hiesige Wollwarengeschäft sich noch weiter günstig entwickeln werde, und damit wäre denn auch für handarbeitende Hausindustrielle bei gutem Willen, Eifer und Ausdauer eine gute Zukunft zu erwarten. —

12. Herstellung fertiger Kleider.

Die sog. Kleider- und Wäsche-Konfektion ist zwar in Leipzig nicht zu einer solchen Bedeutung wie in Berlin und Breslau gelangt, hat aber doch einen recht ansehnlichen Umfang erreicht und nach der Berufszählung von 1882 sollten in der Stadt Leipzig allein 153 hausindustrielle Hauptbetriebe dieser Art mit 16 männlichen und 212 weiblichen Personen vorhanden sein, während von 55 Hauptbetrieben aus weitere 1041 Personen hausindustriell beschäftigt wurden.

Es ist leider ganz unmöglich gewesen, auch nur schätzungsweise Angaben über die gegenwärtige Zahl dieser Hausindustriellen zu erhalten und muß ich überhaupt hervorheben, daß ein nicht geringer Teil der Arbeitgeber gerade der Kleiderkonfektion trotz wiederholter Bitte eine Auskunft über die verschiedenen, die Lage der Hausindustrie, namentlich den Verdienst derselben betreffenden Fragen nicht erteilt hat. Es ist das um so bedauerlicher, als es unter diesen Umständen mitunter nicht möglich gewesen ist, die Aussagen der Hausindustriellen selbst durch diejenigen ihrer Arbeitgeber zu kontrollieren und wurden daher möglichst viele der ersteren aus den verschiedensten Geschäften vernommen, um auf diese Weise wenigstens möglichst reichhaltiges und zu Vergleichen geeignetes Material zu erhalten. Immerhin ist es vielleicht doch bezeichnend, daß gerade diejenigen Firmen der Kleider- und zum Teil auch der besonders zu besprechenden Wäschekonfektion die erbetene Auskunft nicht erteilt haben, gegen welche die schärfsten Vorwürfe bezüglich ihrer schlechten Lohnzahlung seitens der Hausindustriellen (aber auch seitens anderer gehörten Sachverständigen) erhoben wurden!

Wenn ich übrigens wenigstens den Eindruck wiedergeben soll, welchen ich über die Zahl der in der Kleider- und Wäschekonfektion beschäftigten Hausindustriellen des hiesigen Bezirks aus dem Ermittelten gewonnen habe, so geht dieser Eindruck dahin, daß jene Zahl durchaus nicht so groß sein möchte, wie vielfach angenommen wird, ja daß eher ein Rückgang gegen früher eingetreten sein dürfte. Ist meine Annahme richtig — und ich glaube, daß sie es ist —, so wird in dem übermächtigen Wettbewerb, welchen Berlin und Breslau vor allem in den billigeren Artikeln machen, eine Hauptursache für diesen Rückgang zu erblicken sein. Schon im Berichte der hiesigen Gewerbekammer für das Jahr 1880 wird (S. 57) über die Konkurrenz der Berliner Konfektionslager geklagt, welche derart sich geltend mache, daß, als einige hiesige, mit den nötigen Geldmitteln versehenen Firmen versuchten, das Geschäft wieder in die Höhe zu bringen, dieser Versuch allein schon daran scheitern mußte, daß zur Zeit hier nicht einmal mehr der nötige Stamm geschulter Arbeitskräfte vorhanden war. Es gilt dies ganz besonders von der Kleiderkonfektion, in welcher, von einigen Ausnahmen abgesehen, die Kleidermagazine mit ihrer „Schleuderkonkurrenz“ (Bericht der Gewerbekammer für 1886, S. 86) das frühere solide Geschäft empfindlich geschädigt haben. —

Nach diesen allgemeinen Bemerkungen wenden wir uns zunächst zur

Herstellung fertiger Damenkleider und Mäntel.

Wie ungleich auf diesem Gebiete die Verhältnisse in den einzelnen Geschäften liegen, erhellt daraus, daß eine der größten und vornehmsten der hiesigen Firmen uns mitteilte, daß sie, nachdem sie sich durch Umbau des Hauses die nötigen Räumlichkeiten beschafft habe, jetzt die Beschäftigung von Hausindustriellen ganz aufgebe und sämtliche Gegenstände in den eigenen

Werkstätten herstellen lasse. Ein anderes ebenfalls sehr großes Geschäft dagegen ist der Ansicht, daß die Hausindustriellen stets den größten Anteil an der Herstellung der Konfektionsgegenstände haben würden; wieder ein anderes Haus hält es für besser, den größten Teil der letzteren fertig von Berlin zu beziehen, und endlich erklärt eine nur Damenmäntel herstellende Firma die Hausindustriellen für geradezu unentbehrlich. Bei dieser Verschiedenheit der Ansichten und der Betriebsweise ist es nicht leicht, zu einem abschließenden Urteil über Lage und Zukunft der Hausindustriellen in diesem Geschäftszweige zu kommen; und zwar umsoweniger, als eingehende Auskunft über Lohnsätze und Verdienste nur in sehr unzulänglicher Weise von den Unternehmern zu erlangen waren. —

Hergestellt werden Ball-, Gesellschafts- und Hauskleider, Mäntel, Kindersachen, Schürzen, Unterröcke u. s. w.; doch nicht alle Unternehmer befassen sich mit sämtlichen dieser Artikel, vielmehr lassen einzelne nur Ball- und Gesellschaftskleider, wieder andere nur Mäntel anfertigen. Ich möchte aus den Mitteilungen derjenigen hiesigen alten und angesehenen Firma, welche neben Stickereien u. dergl. nur Ball und Gesellschaftskleider herstellt, hier zunächst einiges herausgreifen und für sich betrachten, da diese Firma, welche noch einen Stamm alter Arbeiterinnen in altgewohnter Weise beschäftigt, offenbar am meisten den Druck der heutigen Verhältnisse empfindet. — Nach Aussage des betr. Firmeninhabers ist die Lage der hausindustriellen Arbeiterinnen schon allein dadurch ungünstiger geworden, daß sich die Mode jetzt den Kleidern aus Seiden- und Kaschmirstoffen zugewandt hat, während man früher mehr Tüll und Mull trug, deren Verarbeitung eine leichtere ist. Hauptsächlich aber drücke auf die Hausindustrie die Massenherstellung von Kleidern aus billigen Stoffen und zu billigen Arbeitslöhnen, welche seitens mancher jüdischer Geschäfte betrieben werde. Dieser billigen Ware wende sich das Publikum nur zu leicht zu, hierunter litten dann wieder diejenigen Geschäfte, welche von anderen Grundsätzen ausgingen, aber infolge dessen nicht mehr in der Lage seien, dieselben Löhne wie früher zu zahlen. Daher komme es denn, daß manche Arbeiterin nur ℳ 400 im Jahr verdiene; doch richte sich das auch nach der Geschicklichkeit, sowie dem größeren oder geringeren Umfange der Thätigkeit für die Haushaltung, und könne sich eine gute Arbeiterin wohl auch jetzt noch auf ℳ 6—800 im Jahre stellen. Eine besonders geschickte Näherin, welche sich während der jeweilig etwa 4—6 Wochen dauernden Saison (z. B. während der Ballzeit) einige Gehülfinnen halte, komme dabei auf ℳ 1000 bis 1500, aus welchem Betrage aber noch jene Gehülfinnen bezahlt werden müssen. —

Eine große Anzahl der Näherinnen, welche für solche Geschäfte arbeiten, die jede Art von Damenkonfektion liefern, übt ihre Thätigkeit nur als Nebenerwerb neben Besorgung der Haushaltung aus, und eine nicht minder große Anzahl gehört den besseren Ständen an; beide Kategorien sind nur bestrebt, sich eine eigene Einnahme zu schaffen, die von derjenigen der Eltern oder des Ehemannes unabhängig ist. Den größeren Teil aber dürften dennoch die eigentlichen Berufsnäherinnen bilden. Sehr häufig findet sich ferner und zwar gerade in den größeren Geschäften der Brauch, daß letztere ihre Aufträge einem hausindustriellen Meister oder einer Näherin zuweisen, welche dann wieder in ihrer Wohnung eine mitunter recht beträchtliche Zahl von Arbeiterinnen beschäftigen. Es ist mir nicht gelungen, zuverlässige und genaue Angaben darüber zu erhalten, wie viel ein derartiger hausindustrieller Unternehmer und wie viel seine Gehülfinnen verdienen, doch wird von verschiedenen Seiten behauptet, die Arbeitslöhne, namentlich für bessere Sachen seien in den letzten 5 Jahren bis zu $33^1/_3$ % über den früheren Stand gestiegen. Eine nicht kontrollierbare Mitteilung ging dahin, daß ausgelernte Näherinnen, welche als Gehülfinnen bei dem hausindustriellen Meister arbeiten, anfangs ℳ 4—5, später ℳ 8 in der Woche verdienen, Taillenarbeiterinnen ℳ 9—12. Manche Hausindustrielle, die früher bei Beschäftigung einer größeren Anzahl von Mädchen auch einer größeren Wohnung bedurften, benützen die letztere unter dem Druck der Verhältnisse nicht mehr als Arbeitsraum, sondern vermieten sie zum Teil; wieder andere dagegen, welche durch den in Folge des letzten ungesunden Winters noch mehr wie gewöhnlich hervortretenden Arbeitsmangel empfindlich berührt wurden, wollen die Arbeit für größere Geschäfte ganz aufgeben und sich Privatkundschaft zu erwerben suchen. Gegenüber solchen Angaben will es mir doch scheinen, als ob jene Lohnerhöhung mindestens keine durchgreifende gewesen sein könne.

Die tägliche Beschäftigungszeit ist eine sehr verschiedene; in den stillen Monaten Januar, Februar und August, September, haben die Leute wenig genug zu thun, müssen sich aber während der Saison, namentlich vor den hohen Feiertagen und bei besonderen festlichen Veranstaltungen um so mehr anstrengen, und können sich bei solchen Gelegenheiten oft kaum den nötigen Schlaf und den Augen die nötige Ruhe gönnen. — Fast durchgängig werden die Wohnräume auch zu Arbeitszwecken benutzt. Der Verkehr zwischen beiden Teilen ist ein direkter, und ist wöchentliche Zahlung allgemein üblich, während die Ablieferung stets sofort nach Fertigstellung der Arbeit erfolgt. Die Rohstoffe (deutsche und englische Doubles, Cheviots, Tuche u. dergl., deutsche, aber auch italienische und französische Seide, Leinenstoffe u. s. w.) liefert der Unternehmer;

ebenso liefert er an Zuthaten alle Futtersachen, Knöpfe und Posamenten, während der Hausindustrielle Zwirn, Nähseide und Nadeln selbst beschaffen und mitunter vom Unternehmer zum Selbstkostenpreise entnehmen muß. Auch das Zuschneiden ist Sache der Hausindustriellen. Die verwandten Nähmaschinen sind Eigentum der Letzteren und habe ich nur einen Fall ermitteln können, in welchem zur Beschaffung derselben der Arbeitgeber eine Beihülfe geleistet hatte.

Wie bereits wiederholt bemerkt, machen die großen Unternehmer in Berlin und Breslau dem hiesigen Platze eine starke Konkurrenz, so daß die Preise nicht die besten sein können und manches Geschäft es sogar vorzieht, einen Teil seines Bedarfs fertig aus jenen Orten zu entnehmen. Immerhin aber liefert Leipzig ebenfalls nach allen Orten Deutschlands, einzelne Firmen sogar nach dem ganzen Kontinent.

Einzelne Leipziger Geschäftshäuser lassen nur Damen-Mäntel herstellen und beschäftigen gerade diese zahlreiche Hausindustrielle. Fast durchgängig sind dies Meister, deren Ehefrauen ebenfalls mitarbeiten und die Besorgung der Wirtschaft einem Dienstmädchen überlassen und in deren Werkstelle noch eine Anzahl von Gehülfinnen (bei nicht wenigen Meistern 16—18 Mädchen) thätig ist. Beschäftigung von Kindern kommt dagegen nicht vor. Die Lohnsätze, welche der Meister vom Unternehmer erhält, sind natürlich je nach der Art der Arbeit sehr verschieden und sollen in den letzten 5 Jahren um etwa 10 % gestiegen sein. Die Löhne sind aber auch sehr verschieden, je nach den einzelnen Geschäften. Diejenigen Firmen, welche einen großen Teil ihres Bedarfs von Breslau oder Berlin beziehen, zahlen weit niedrigere Löhne, wie solche, die alles selbst herstellen lassen; niedrige, mitunter sehr niedrige Löhne zahlen ferner solche Firmen, welche außer für den Lokalbedarf noch für den Massenabsatz nach auswärts arbeiten und während der Macherlohn für einen Mantel selbst bei nicht übermäßig gute Löhne gewährenden Geschäften je nach Güte und Größe ℳ 5—15, durchschnittlich aber ℳ 8 bis 10 beträgt, zahlen solche sog. Exportfirmen nur ℳ 2. 50 für den Mantel. Daß der Meister bei solchen Lohnsätzen kaum das tägliche Brot verdienen kann, liegt auf der Hand; noch weniger aber ist er imstande, eine tüchtige Gehülfin entsprechend zu bezahlen.

Die für die besseren Geschäfte arbeitenden Meister bezahlen ihre Gehülfinnen vielfach im Zeitlohn mit ℳ 9—12 in der Woche; an den Meister sowohl, wie an dessen Gehülfinnen, werden aber auch entsprechende Anforderungen in Geschicklichkeit und Leistungsfähigkeit gestellt. Es wenden sich daher nur die am besten ausgebildeten Kräfte diesen Geschäften zu, und zwar um so lieber, als bei dem großen Umfange der letzteren die Arbeit doch im ganzen Jahre eine gleichmäßigere ist, wenigstens die stille Zeit bei ihnen nicht so lange dauert, wie bei den kleineren Unternehmungen.

Derartige tüchtige und fleißige Meister, welche mit der Frau und zwei Gehülfinnen arbeiten, sollen auf einen Jahresverdienst von ℳ 3200 bis ℳ 3600 kommen können, so daß nach Abzug von vielleicht ℳ 20 Wochenlöhnen für die Gehülfinnen, dem Meister und seiner Frau für ihre Thätigkeit ℳ 43—49 in der Woche verbleiben würden. Diese Angabe erscheint mir allerdings etwas hoch gegriffen und keinenfalls dürfte ein derartiger Verdienst bei nur 12stündiger Arbeitszeit zu erzielen sein. Die vernommenen Meister selbst bestreiten absolut die Möglichkeit eines solchen Ertrages ihrer Arbeit, dürften aber auch ihrerseits vielleicht zu niedrige Angaben gemacht haben. Wenn wenigstens ein solcher, der je nach der Jahreszeit 2—10 Gehülfinnen beschäftigt, welche im Stücklohn bei 12stündiger Arbeitszeit (inkl. der Essenspause) ℳ 6—8 für die Woche verdienen, als Einnahme für die eigene und die Arbeit seiner Frau nur ℳ 900 im Jahre angibt und sagt, damit könne er, obgleich er nicht weniger wie ℳ 315 allein für Miete bezahlen muß, gut auskommen, so dürfte denn doch der Anschlag von ℳ 900 gewiß zu niedrig gegriffen sein. — So viel aber ist sicher, daß in fast allen Geschäften die Meister sowohl wie die Gehülfinnen während der eigentlichen Bedarfszeit es durchaus nicht bei einer täglichen Arbeitszeit von 12 Stunden bewenden lassen, sondern einen nicht geringen Teil der Nacht noch zu Hülfe nehmen müssen, um sowohl die vorliegenden Aufträge zu bewältigen, als auch den Ausfall am Verdienst während der stillen Zeit wieder zu decken.

Die Ablieferung der vollkommen verkaufsfertigen Mäntel erfolgt stets sofort nach Fertigstellung der letzteren, und einmal in der Woche (vielfach am Freitag) ist Zahltag. — Diejenigen Meister, welche eine Anzahl Gehülfinnen beschäftigen, bedürfen entsprechend größerer oder zahlreicherer Arbeitsräume, die aber wohl meist auch zu Wohnzwecken mit benutzt werden. Lediglich zu Arbeitszwecken bestimmte Räume können sich namentlich solche Meister überhaupt nicht halten, welche während der mehrere Monate andauernden stillen Zeit ihre Gehülfinnen zu entlassen gezwungen sind. Letztere suchen während dieser Zeit entweder in Fabriken vorübergehend Arbeit, oder arbeiten zu den bereits angegebenen mehr wie niedrigen Löhnen für die sog. Bazare, für diejenigen Schleudergeschäfte, welche nicht minder den soliden Geschäftsbetrieb empfindlich schädigen, wie sie für den allgemeinen Lohnstand nachteilig sind.

Der Meister erhält vom Unternehmer sämtliche Stoffe und einen Teil der Zuthaten geliefert; die ersteren muß er selbst zuschneiden. Seide, Zwirn,

Nadeln u. s. w. beschafft der Hausindustrielle sich aus eigenen Mitteln und entnimmt er sie nur selten von seinem Arbeitgeber. Die allgemein benutzten Nähmaschinen sind sein Eigentum und ohne fremde Beihülfe erstanden; die Gehülfinnen ist der Meister in der Ortskrankenkasse zu versichern verpflichtet.

Soweit sich nach den erhaltenen Mitteilungen ein Urteil bilden läßt, haben wirklich tüchtige Meister ein gutes Auskommen, leben in geordneten Verhältnissen und zahlen ihren Arbeiterinnen auch genügende Löhne. Weniger geschickte Meister dagegen müssen sich schon recht sehr anstrengen, um durchzukommen; Näherinnen, die nicht wirklich gelernt haben und nicht tüchtig sind, verdienen geradezu erbärmliche Löhne, und möchte ich an dieser Stelle allerdings wieder hervorheben, wie vielfach man leider hier einer Abneigung seitens der weiblichen Arbeiter begegnet, erst eine gründliche Lehrzeit durchzumachen. Arbeiterinnen, die nichts ordentliches gelernt haben, sowie die weniger geschickten Meister sind es dann, die den wiederholt gekennzeichneten Geschäften in die Hände fallen; der bessere Meister, die geschickte Näherin arbeitet dagegen nicht für diese und hat es auch nicht nötig.

Was nun die Herstellung fertiger Herrenkleider angeht, so liegen die Verhältnisse, soweit Hausindustrielle dabei in Frage kommen, auch hier in den einzelnen Geschäften sehr verschieden. Die Arbeitgeber sind teils Inhaber größerer Kleidermagazine, teils Schneidermeister mit einer besseren Privatkundschaft. Nicht alle Magazininhaber beschäftigen in eigener Werkstätte auch Gehülfen (es sei denn, daß sie einen oder zwei Arbeiter für die eiligen Reparaturen und Abänderungen halten), doch gibt es auf der anderen Seite auch Firmen, die außer 40—50 Hausindustriellen noch 25—30 Gehülfen in der eigenen Werkstätte arbeiten lassen. Bei den eigentlichen Schneidermeistern arbeiten in der Werkstätte der Zuschneider, sowie 1—3 Gehülfen und Lehrlinge, während die Zahl der beschäftigten Hausindustriellen eine sehr verschiedene ist. Wie viele der letzteren es im ganzen Bezirke gibt, war leider auch nicht annähernd zu ermitteln. —

Waren schon bei der Damenkonfektion die Klagen über den Wettbewerb der Groß-Konfektionäre in Berlin, Breslau und Stettin, über ihre billige und vielfach unsolide Ware, über die Schleuderpreise jüdischer Händler sehr lebhaft, so wurden dieselben noch in weit höherem Maße bei der Herrenkonfektion laut. Allerdings soll es nur eine einzige solche Firma hier am Platze geben, welche selbst alle Gegenstände hier und in der Umgegend anfertigen läßt, die übrigen Händler kaufen dagegen fast nur fertige Waren an den eben genannten Orten und beschäftigen höchstens 2 oder 3 Arbeiter zu Reparaturen und eiligen Sachen. Jedenfalls aber ist diese Art von Konkurrenz für diejenigen Geschäfte, welche auf solide Ware halten, eine sehr empfindliche; sie hat es u. a. auch veranlaßt, daß einige der letzteren das Halten eines Magazins fertiger Kleider ganz aufgegeben haben und nur noch auf feste Bestellung arbeiten. In welcher Weise aber seitens jener andersartigen Geschäfte die Löhne der Hausindustriellen gedrückt werden, davon wird weiter unten die Rede sein. —

Die hiesigen Unternehmer arbeiten nur für den Bedarf Leipzigs und seiner Umgebung, doch soll jenes erwähnte eine Geschäft, welches sämtliche Bekleidungsgegenstände auch hier herstellen läßt, noch anderwärts eigene Filialen haben und zugleich an kleinere Händler an anderen Orten liefern. Das Platzgeschäft selbst ist nun ein durchaus verschiedenes. Abgesehen von den Magazininhabern hält der bessere Schneidermeister, der über einige Mittel verfügt, auch die Stoffe zu den Anzügen zur Auswahl seiner Kunden vorrätig und der früher wohl allgemeine Gebrauch, daß man sich den Stoff beim Tuchhändler aussuchte und vom Schneider dann verarbeiten ließ, dürfte, wenigstens in den vermögenden Kreisen, wohl immer mehr abkommen. Freilich muß der Schneidermeister, welcher selbst die Stoffe liefert, dafür sorgen, daß er seine Lieferanten prompt bezahlen kann, da er sonst leicht Gefahr läuft, sich gründlich fest zu fahren; bezahlt er aber nur einigermaßen pünktlich, so liefert der Fabrikant lieber an ihn, wie an den großen Tuchhändler. Denn Letzterer bestellt fürs erste nur Muster, während der Schneider sofort definitive Aufträge gibt. Freilich kann er nicht gleich nach jedem Muster ein ganzes Stück oder gar mehrere Stücke nehmen, denn wer — und dies ist bei großen Schneidergeschäften nichts seltenes — z. B. nur in Beinkleidern 40—50 Muster hält, kann sich höchstens Stoff für 5—6 Beinkleider, resp. ganze Anzüge von jedem Muster auf einmal kaufen und begegnet dabei, wenn er nur pünktlich zahlt, auch keinen Schwierigkeiten seitens der Fabrikanten. — Die Preise der fertigen Kleider sind infolge eines im Frühjahre 1887 stattgehabten Strikes, welcher den Arbeitern eine etwa 20 %ige Lohnsteigerung brachte, etwas gestiegen, aber der Verdienst der Unternehmer dürfte darum kaum ein größerer geworden sein.

Den Verkehr mit den Hausindustriellen vermittelt der im Geschäft des Unternehmers gegen festen Gehalt angestellte Zuschneider, der den Ersteren die zugeschnittenen Stoffe, die Futtersachen, Knöpfe und Borden übergibt, die fertige Arbeit auch wieder abnimmt und nachsieht. Mit der Auszahlung der vom Geschäfte selbst festgestellten Löhne hat der Zuschneider jedoch nichts zu thun. —

Der Hausindustrielle arbeitet in der Regel allein; nur selten dürfte es vorkommen, daß die Ehefrau mit thätig ist, und auch nur wenige halten sich 1—2 Gehülfen. Diese Letzteren haben dann meist Kost und Wohnung im Hause ihres Meisters und arbeiten im Stundenlohn, der, wenn der Gehülfe außerhalb wohnt, etwa 25 Pfg. betragen soll (?). Auch selbständige Hausindustrielle sollen übrigens im Stundenlohn beschäftigt werden, für welchen Sätze von 25 Pf., 30 Pf. und 38 Pf. für die Stunde bei ganz der gleichen Arbeit angegeben wurden. In der Hauptsache dürften jedoch wohl nur Stücklöhne üblich sein, wie sie nach dem 14tägigen Strike des Jahres 1887 vereinbart wurden. So wird bezahlt ein Arbeitslohn

für Fracks und Gehröcke . .	ℳ	19—20.
„ Rockjackets	„	15—16.
„ Sackjackets	„	12—13.
„ Hosen	„	4— 5.
„ Westen	„	3. 50 — 4. 50.
„ Hohenzollernmäntel . .	„	16.
„ Winterpaletots	„	16—17.
„ Sommerpaletots	„	15.
„ Havelocks	„	10.

Diese Sätze werden jedoch nur für durchaus gute Arbeit gewährt; bei weniger solider Ausführung wird entsprechend weniger bezahlt (der sog. zweite Tarif). Zudem wird wohl nur in ganz bestimmten Geschäften der Tarif strenge eingehalten, doch ist der Unterschied in den Löhnen im ganzen kein großer. Um so verschiedener aber ist der reine Jahresverdienst der einzelnen Hausindustriellen; je nachdem sie für Geschäfte arbeiten, welche alljährlich eine kürzere oder längere stille Zeit durchzumachen haben, und je nach der eigenen Geschicklichkeit schwankt die Einnahme zwischen ℳ 600 bis 1200, sodaß wir also Hausindustrielle finden, welche nur das allernotwendigste Auskommen haben, während andere, namentlich solche mit nicht gar zu zahlreicher Familie, in befriedigenden Verhältnissen leben. — Das Schlimmste ist, daß viele Leute mitunter 4 Monate lang keine regelmäßige, oft fast gar keine Arbeit haben. Diese Unterbrechungen fallen in die Monate Januar und Februar, und Juli und August, und könnte allerdings das kaufende Publikum viel zur Abstellung dieses großen Übelstandes dadurch beitragen, daß es seine Bestellungen nicht erst unmittelbar vor dem dringenden Bedarf, sondern bereits längere Zeit vorher machte. Wenn auch die Geschäfte ihre besseren Arbeiter dadurch zu halten suchen, daß man sie nach Möglichkeit beschäftigt, so ist dies doch nicht immer durchführbar und für die weniger geschickten Leute gibt es in jener Zeit überhaupt keine Arbeit mehr. Sie helfen sich dann wohl, so gut es gehen mag, durch Übernahme von Flickarbeit für Privatkunden, aber das ist auch nicht allen möglich, und so fallen sie denn schließlich in die Hände jener oben gekennzeichneten Geschäfte, welche in der stillen Zeit gegen die allerniedrigsten Löhne auf Vorrat arbeiten lassen. Die Leute müssen eben arbeiten, um nur überhaupt wenigstens Brot zu essen zu haben und sind daher trotz aller vereinbarten Tarife bereit, zu jedem Preise zu arbeiten. Speciell über die Löhne des schon wiederholt erwähnten einen großen Kleidergeschäfts erhielt ich von den verschiedensten Seiten Mitteilungen, deren Übereinstimmung wohl auf ihre Richtigkeit schließen läßt; die Firma selbst gab auf wiederholte Anfragen keine Antwort, und unterlasse ich es, über die Gründe hierfür Vermutungen aufzustellen. Nach den angestellten Ermittelungen soll jenes Geschäft für Anfertigung eines ganzen Stoffanzuges für einen Erwachsenen nur ℳ 5—7 bezahlen, während der Tarif allein für Jackets ℳ 12—16 festsetzt; die Anfertigung eines Winterüberziehers nebst Lieferung aller Zuthaten wird mit ℳ 4 bezahlt (nach dem Tarif ℳ 16—17); für einen vollständigen Konfirmandenanzug, zu dessen Anfertigung mindestens 21 Stunden erforderlich sind, ℳ 4. 75 (anderwärts ℳ 10); für ein paar Beinkleider für Erwachsene 75—90 Pf. (anderwärts ℳ 3. 50 bis ℳ 4). Von einem allerdings nicht der Herren-Konfektionsbranche angehörigen Geschäfte wurde mitgeteilt, daß es für Anfertigung eines Trikotanzuges für Kinder sage und schreibe zehn Pfennige Arbeitslohn zahle, während der Arbeiter nicht imstande sei, sechs solcher Anzüge an einem Tage herzustellen. Aus derselben Quelle stammt die weitere Mitteilung (welche sich zwar ebenfalls auf einen andern Konfektionsgegenstand bezieht, der Charakterisierung mancher Geschäfte wegen aber hier gleich mitgegeben werden soll), daß eine Arbeiterin für das Nähen eines Dutzend Korsets ℳ 1. 30 bezahlt erhalte, dabei verpflichtet sei, den nötigen Zwirn von dem Unternehmer zu kaufen, der ihn um 25 % über dem gewöhnlichen Detailpreise berechne, so daß die betr. Frau auf ein Dutzend Korsets, also auf ℳ 1. 30 Arbeitslohn nicht weniger wie 25 Pf. Auslagen für Zwirn zu bestreiten habe. Zum Nähen von 12 einfachen Korsets sind aber mindestens 18 Arbeitsstunden erforderlich, und ist überdies ein solches Resultat nur bei Anwendung einer Nähmaschine möglich, die sich die Arbeiterin selbst anschaffen muß.

Welche Existenz derartige unglückliche Arbeiter bei solchen Löhnen in der teuern Großstadt und ihrer auch nicht gerade billigen Umgebung führen müssen, das bedarf wohl keiner weiteren Ausführung mehr. Ebenso klar ist aber auch, daß für derartige Löhne unmöglich eine gute Arbeit geliefert werden kann; zur Anfertigung eines Winterpaletots wird nur ein Tag gebraucht, ein vollständiger Anzug schon in 15—16 Stunden hergestellt und wie diese Ware, welche dann für ℳ 15—25 im Magazin verkauft wird, beschaffen ist, davon hat der Käufer sich zu überzeugen nachher Gelegenheit genug. — Ein unausbleiblicher Nachteil dieser Lohndrückerei und der durch sie veranlaßten nachlässigen und unsauberen Arbeit besteht, abgesehen von der drückenden Konkurrenz für die soliden Geschäfte darin, daß die Arbeiter, welche während der stilleren oder beschäftigungslosen Zeit für Magazine der geschilderten Art thätig gewesen sind, sich nur zu leicht an flüchtiges und nachlässiges Arbeiten gewöhnen und dann kaum mehr imstande sind, strengeren Ansprüchen zu genügen.

Daß übrigens auch bei den soliden Geschäften ganz verschiedene Verdienste erzielt werden, ist natülich und durch den Grad der erlangten Geschicklichkeit, wie die Art der Beschäftigung bedingt. So kann z. B. ein tüchtiger Arbeiter in der Woche zwei gewöhnliche Röcke machen und dabei ℳ 26—30 verdienen. Ein Arbeiter dagegen, der nur schwarze Röcke anfertigt, bringt es trotz des höheren Stücklohnes nicht zu einem solchen Verdienst, da er zu der hier erforderlichen ganz besonders exakten und sauberen Arbeit die Abendstunden nicht zu Hülfe nehmen kann, vielmehr gezwungen ist, bei Eintritt der Dämmerung aufzuhören, so daß manche fast eiue volle Woche zur Fertigstellung eines Rockes gebrauchen und nur ℳ 18—20 verdienen.

Die tägliche Arbeitszeit ist eine nach den vorliegenden Aufträgen sehr verschiedene; während in den Werkstätten der Arbeitgeber durchgängig im Sommer von früh 7 bis abends 7 Uhr, und im Winter von früh 8 bis abends 7 Uhr, exkl. der einstündigen Mittagspause gearbeitet wird, dürfte die tägliche Arbeitszeit des Hausindustriellen mindestens 1—2 Stunden länger sein, ganz abgesehen von den Zeiten, während welchen er noch die halbe Nacht zu Hülfe nimmt.

Außer den Nähmaschinen, welche stets Eigentum der Leute selbst sind, und dem sonstigen Arbeitsgerät hat der Hausindustrielle Nähseide, Zwirn und Baumwolle selbst zu stellen und beschafft sich dies Material freihändig; in einem Geschäfte fand ich den Gebrauch eingeführt, daß der Arbeiter hierfür pro Stück eine Vergütung von 10 Pf. über den Tarifpreis hinaus erhielt.

Die Auszahlung erfolgt in der Regel Sonnabends, doch nur für die fertig abgelieferte Arbeit, wenngleich das Verlangen eines Vorschusses auf halbfertige Arbeit nicht selten sein soll. Die sofortige Bezahlung für das einzeln abgelieferte fertige Stück soll wenigstens in der Saison der angestrengten Arbeit halber nicht möglich sein. Abzüge für verdorbene Arbeit sollen nicht vorkommen; man könne den Leuten eben nichts nehmen und entlasse sie daher, wenigstens im Wiederholungsfalle, einfach, zumal durchaus kein Mangel an selbst guten Arbeitskräften bestehen soll.

Besondere Arbeitsräume können sich die Leute nicht halten, ebenso wenig wie sie imstande sind, ein anderes Gewerbe nebenbei zu betreiben. — Ein Teil derselben ist in der Ortskrankenkasse versichert; ein anderer Teil an freien Schneiderkassen beteiligt. Der Gesellenfachverein unterhält einen Zuschneidekursus, dessen Besuch von den direkt Beteiligten und nicht vom Meister bezahlt wird; die Schneiderinnung unterhält ebenfalls eine Fachschule, zu welcher die Meister einen jährlichen Beitrag von ℳ 6 zahlen und deren Besuch auch Lehrlingen solcher Meister, die der Innung nicht angehören, gestattet ist. Von der Existenz dieser Fachschule wollte ein vernommener Hausindustrieller, der sich offen als Socialdemokrat bekannte, nie etwas gehört haben; daß dieser Mann den Hauptgrund für die in der That sehr unbefriedigende Lage eines Teiles seiner Berufsgenossen in der üblichen Akkordarbeit fand, ist bei den über letztere in den socialistischen Kreisen herrschenden Ansichten erklärlich: er hielt eine 8stündige tägliche Arbeitszeit für ausreichend und erstrebenswert; trotzdem er aber viel von den niedrigen Löhnen und den arbeitslos „auf den Landstraßen liegenden resp. auf die Landstraße geworfenen Kollegen“ (ein jetzt sehr beliebtes Schlagwort) zu erzählen wußte, gab er doch zu, daß die Lage seines Gewerbes in Leipzig doch noch weit besser sei, wie in Berlin und anderen Großstädten. Er selbst ist als hausindustrieller Reparaturarbeiter für ein großes Schneidergeschäft hier thätig, arbeitet in der Regel 11 Stunden, bei schwacher Geschäftszeit 7—8 Stunden täglich und erhält pro Stunde 38 Pf. Lohn. Die für eine bestimmte Arbeit erforderliche Stundenzahl wird bei Übertragung der Arbeit annähernd vereinbart. —

13. Herstellung fertiger Wäsche.

Erst in den letzten zehn Jahren hat sich in Leipzig die Anfertigung von Wäsche über den lokalen Bedarf hinaus zu einem wirklichen Großbetrieb entwickelt, der seine Erzeugnisse nach allen Gegenden Deutschlands versendet und im großen und ganzen mit Recht sich wegen seiner Solidität eines guten Rufes erfreut. Hergestellt werden alle Arten von Leibwäsche für Erwachsene und Kinder, Schürzen, Jacken, Blusen, Unterröcke sowie Bettwäsche jeder Art. Bekanntlich ist diese Industrie in Berlin sehr stark vertreten und macht sich daher die dortige Konkurrenz hier um so mehr fühlbar, als Berlin zu außerordentlich billigen Preisen liefert; freilich ist auch vielfach die Ware danach! Bei den niedrigen Arbeitslöhnen, die große Unternehmer in Berlin zahlen, und dem vielfach verwendeten unhaltbaren Stoff ist es unmöglich, eine sowohl nach Arbeit wie Stoff solide Ware zu liefern.

Leider aber kauft ein großer Teil des Publikums seinen Bedarf nur da, wo es ihn zu billigen Preisen decken kann und berücksichtigt nicht, daß ein oft nur um etwa 20 % höherer Preis ihm eine um 50 % haltbarere Ware sichert, während es doch auf der Hand liegt, daß z. B. ein Hemd, welches fix und fertig ℳ 1 kostet — und zu diesem Preise sind in hiesigen Geschäften thatsächlich Hemden zu haben —, schon nach kurzem Gebrauche wenn nicht ganz unbrauchbar, so doch mindestens reparaturbedürftig werden muß. Auch hier am Platze gibt es leider Geschäfte, welche derartige Schundware anfertigen lassen und es wird weiter unten davon zu sprechen sein, welche Hungerlöhne dieselben zahlen; aber die weitaus überwiegende Mehrzahl der hiesigen Wäschefabrikanten zeichnet sich durch Lieferung von in jeder Beziehung guter Ware aus, und einer derselben, ich hebe ausdrücklich hervor, daß es eine jüdische Firma ist, bezüglich deren sowohl die hiesigen Konkurrenten wie die Arbeiter anerkannten, daß sie gute Löhne zahle, hält in seinem Laden einige von Berlin bezogene Wäschegegenstände eigens zu dem Zwecke, um den billige Preise verlangenden Käufern den Unterschied zwischen guter und schlechter Ware sofort klar machen zu können.

Alle hiesigen Wäschefabrikanten beschäftigen Hausindustrielle, nicht alle zugleich auch Näherinnen in eigenen Werkstätten. Die Mietpreise für die zu letzteren erforderlichen großen und zahlreichen Räume sind hier in den entsprechenden Geschäftslagen derartig hoch, daß es, abgesehen von den Kosten für Heizung und Beleuchtung, vorteilhafter ist, einen großen, wenn nicht den größten Teil der Wäsche durch Hausindustrielle herstellen zu lassen. Allerdings ist die in der eigenen Werkstätte angefertigte Wäsche wegen der besseren Kontrolle entschieden von größerer Accuratesse und lassen daher diejenigen Geschäfte, welche über eigene Arbeitsräume verfügen, die feinere Wäsche zum größten Teile in diesen anfertigen. Die Zahl der hausindustriell beschäftigten Näherinnen auch nur annähernd festzustellen, ist leider nicht möglich gewesen, doch überwiegt sie nach allen Ermittelungen die Zahl der in den Arbeitsräumen der Fabrikanten thätigen. Die bedeutendste hiesige Firma beschäftigt allerdings neben 40 in ihren Räumen arbeitenden Näherinnen nur 20 hausindustrielle, eine andere neben 11 der ersteren nur 2 der letzteren Art; eine dritte Firma läßt nur 20 % ihrer gesamten Erzeugnisse außerhalb der eigenen Arbeitsräume herstellen, aber da, wie schon gesagt, eine ganze Anzahl von Unternehmern überhaupt nur Hausindustrielle beschäftigt, so ist jedenfalls die Zahl der letzteren die überwiegende.

Zwischenpersonen, welche den Verkehr zwischen den Wäschegeschäften und den Hausindustriellen vermitteln, gibt es hier nicht. Ein großer Teil der Letzteren ist zwar insofern selbst wieder als Unternehmerinnen anzusehen, als sie eine mehr oder minder größere Zahl von Näherinnen beschäftigen; da diese aber als Gehülfinnen in der Wohnung der Hausindustriellen und nicht etwa in der eigenen Wohnung arbeiten, so kann man nicht sagen, daß sich Zwischenpersonen, Faktore oder um den Ausdruck zu gebrauchen, Zwischenunternehmer zwischen die Wäschegeschäfte und die Näherinnen schöben [1]. Die meisten Personen arbeiten jedoch für sich allein oder nur mit ihren Familienangehörigen und nur die für die bedeutendsten der hiesigen Firmen Beschäftigten halten fremde Gehülfinnen. So waren von den 20 Hausindustriellen der bereits hervorgehobenen Firma 13 verheiratet. In 4 Fällen arbeiten je 2 Familienmitglieder gemeinschaftlich (zweimal 2 Schwestern und zweimal Mutter und Tochter), zwei Personen arbeiteten für sich allein und zehn hielten sich Gehülfinnen und zwar

in 1 Falle	. . . . .	12	Hülfsarbeiterinnen,
= 3 Fällen	. . . je	5	=
= 1 Falle	. . . . .	4	=
= 1 =	. . . . .	3	=
= 1 =	. . . . .	2	=
= 3 Fällen	. . . je	1	=

Noch schulpflichtige Kinder werden nicht beschäftigt. —

Soweit die allein arbeitenden Personen verheiratete Frauen resp. Witwen sind — und das soll häufig der Fall sein — liegen sie der Näharbeit nur in den Stunden ob, welche ihnen neben der Besorgung des Haushalts verbleiben und ist ihr Verdienst auch ein entsprechend geringerer. — Allgemein ist die Klage über den Mangel an tüchtigen und geübten Näherinnen, während das Angebot von minderwertigen Arbeitskräften ein sehr großes sein soll. In dem Berichte des Kgl. Gewerberats Herrn v. Stülpnagel (vergl. Schriften des Vereins f. Socialpolitik XLII, Die deutsche Hausindustrie, Bd. IV S. 12 u. 14) über die Berliner Wäschekonfektion werden zwar Nähschulen nicht als ein geeignetes Mittel zur Abhülfe für die Notlage der Näherinnen bezeichnet, da hier Übung allein ausreiche; ich kann mich aber dieser Ansicht nicht überall anschließen. Ein wichtiger Teil der Näharbeit ist das Zuschneiden, und um dies zu erlernen, bedarf es eines ausgesprochenen Unterrichts und auch für das eigentliche Nähen genügt die Übung allein namentlich dann nicht, wenn die letztere nur eine einseitige

[1] Bei zahlreichen und dringenden Aufträgen, z. B. vor Weihnachten, geben diese Hausindustriellen allerdings auch mitunter einen Teil ihrer Arbeit wieder außer dem Hause; doch sind das nur Ausnahmefälle.

ist. So hob z. B. eine der hier vernommenen hausindustriellen Näherinnen, welche durchschnittlich 8—9 Gehülfinnen beschäftigt, ausdrücklich hervor, daß sich ihr wiederholt Rüschennäherinnen als Gehülfinnen angeboten hätten, die sie aber stets bald wieder habe entlassen müssen, weil jene nur gerade Nähte zu machen verstanden hätten. Ich will nun nicht behaupten, daß der Besuch gerade einer Nähschule — deren es in Leipzig mehrere gibt — unbedingt erforderlich wäre; abgesehen davon, daß die Lernenden während dieses Besuches nichts verdienen, würden vielen Mädchen die nötigen Mittel dazu fehlen, da in einer solchen Schule das Lehrgeld für 6 Monate ℳ 30 betragen soll. Aber fast alle hausindustriellen Näherinnen, welche Gehülfinnen beschäftigen, befassen sich auch mit dem Anlernen von Arbeitskräften, ohne dafür etwas zu berechnen, ja sie bezahlen den Lernenden sogar vom ersten Tage ab einen, wenn auch natürlich nicht hohen Lohn und hier finden also auch arme Mädchen Gelegenheit zu einer tüchtigen Ausbildung. So bezahlt z. B. eine Hausindustrielle, welche nur Hemden und Ausstattungswäsche anfertigt, den Mädchen während der sechsmonatlichen Lehrzeit einen Wochenlohn, welcher von ℳ 1 schließlich auf ℳ 2. 50 steigt und eine andere, nur Schürzen anfertigende Hausindustrielle zahlt bei Beginn der ebenfalls sechsmonatlichen Lehrzeit sogar schon einen Lohn von ℳ 3 für die Woche. Trotz dieser Lage der Verhältnisse aber finden sich nicht genügend neue Kräfte zum Erlernen der Näharbeit, da die Mädchen hier in den Fabriken (z. B. Buchdruckereien u. s. w.) bei einer weniger Achtsamkeit, Sauberkeit und Sorgfalt erfordernden Arbeit sofort mindestens einen gleichen, wenn nicht höheren Lohn erhalten können und sie wohl auch das lebhaftere Treiben der Fabrik der ruhigen und immerhin ständige Aufmerksamkeit erfordernden Näharbeit vorziehen. Gewiß ist aber, daß in der ganzen Bekleidungsindustrie leicht eine viel größere Anzahl weiblicher Arbeiter einen auskömmlichen, ja vielfach recht guten Verdienst finden könnten, wenn sie überhaupt nur Ordnung halten, gehorchen und ihren Beruf gründlich erlernen wollten! —

Die für sich allein oder nur mit ihren Familienangehörigen zusammen arbeitenden Personen benutzen hierbei ihre Wohnräume, während die selbst wieder Gehülfinnen beschäftigenden Näherinnen besonderer Abeitsräume bedürfen, wodurch ihnen je nach der Zahl der Gehülfinnen eine verhältnismäßig nicht unbedeutende Ausgabe für Wohnungsmiete erwächst. So betrug bei einer unverheirateten Näherin, welche 8—9 Gehülfinnen beschäftigt und 5 Nähmaschinen besitzt, die Jahresmiete ℳ 450.

Bei den kleineren Wäschegeschäften müssen die Hausindustriellen die fertig gestellten Sachen selbst abliefern und die neuen Aufträge selbst in

Empfang nehmen, während die größeren Geschäfte ein- oder zweimal wöchentlich durch eigene Wagen die fertige Arbeit abholen und gleichzeitig die neuen Aufträge überbringen lassen. Zu letzteren liefern die Geschäfte meist nur die Stoffe, während die Näherinnen sämtliche Zuthaten selbst zu stellen haben; einige größere Firmen liefern allerdings auch Zwirn (mit Ausnahme des Maschinenzwirns), die Knöpfe und das Besatzband und zwar ohne Anrechnung. Etwa anzubringende Stickerei stellt stets das Geschäft. Der Einkauf der von den Näherinnen selbst zu stellenden Materialien erfolgt freihändig. Das Zuschneiden der Stoffe wird teils von den Geschäften selbst besorgt, teils liegt es den Hausindustriellen ob und richtet sich das wohl mit nach der Geschicklichkeit der letzteren, welche mitunter indeß auch die Stoffe in der Weise erhalten, daß die Länge des herzustellenden Gegenstandes bereits im Stoff angeschnitten ist. Die zu verarbeitenden Rohstoffe sind weiße und bunte Leinen- und Baumwollstoffe, Stickereien, Spitzen u. s. w. meist deutschen Ursprungs; das Leinen ist meist sächsisches und westfälisches Fabrikat; Baumwollstoffe werden hauptsächlich aus dem Elsaß bezogen. Die benötigten Stickereiarbeiten läßt man im sächsischen Voigtlande herstellen und bedient sich dabei der Vermittelung eines Faktors, der für eigene Rechnung die Arbeiten ausgiebt und den Sticklohn der Arbeiterin bestimmt und auszahlt. In der seitens einer hiesigen Firma erhaltenen Auskunft heißt es wörtlich: „Es ist nicht abzuleugnen, daß diese Faktore, die der Arbeitgeber nicht kontrollieren kann, die Arbeiterinnen im Preise drücken.“ Inwiefern diese Angabe zutreffend ist und wie sich die Löhne der voigtländer Stickerinnen stellen, konnte natürlich von hier aus nicht festgestellt werden und will ich daher nur erwähnen, daß es mir bekannt geworden ist, daß diese Stickerinnen zu äußerst niedrigen Preisen z. T. auch für hiesige Private arbeiten, welchen selbstverständlich jede Lohndrückerei fern liegt.

Wohl alle Hausindustriellen besitzen Nähmaschinen als Eigentum, welche sie sich ohne fremde Beihülfe durch Abschlagszahlungen allmählich beschafft haben.

Die Beschäftigung ist das ganze Jahr hindurch eine ununterbrochene; wenn auch in den Monaten Juli bis September der Geschäftsgang ein stillerer ist, so liegen doch auch während dieser Zeit immer Aufträge vor und in den Monaten November und Dezember, während welcher das Geschäft seinen Höhepunkt erreicht, können etwaige Ausfälle am Verdienst reichlich wieder beigebracht werden.

Die tägliche Arbeitszeit ist verschieden, je nachdem es sich um verheiratete Frauen oder Witwen mit Kindern handelt, welche der Pflege der letzteren und der Führung des Haushaltes eine größere Zahl der Tagesstunden widmen müssen, oder um solche Arbeiterinnen, welche lediglich der Näharbeit obliegen und soweit es verheiratete Frauen sind, die häuslichen Geschäfte einem Dienstmädchen überlassen. Die Näherinnen der letzteren Kategorie arbeiten durchschnittlich im Sommer 10—11 Stunden, im Winter 9—10 Stunden täglich.

Die Hausindustriellen arbeiten sämtlich gegen Stücklohn, welcher in den letzten Jahren infolge davon gestiegen ist, daß Mangel an geschickten Näherinnen herrscht; sie selbst bezahlen ihren Gehülfinnen dagegen Zeitlohn. Der letztere ist nach dem Alter und der Geschicklichkeit der Gehülfinnen ein sehr verschiedener; hat eine solche ausgelernt, so verdient sie etwa ℳ 7 und steigt bis ℳ 12 in der Woche.

Die Stücklöhne der Hausindustriellen sind nach der Art der anzufertigenden Gegenstände sehr mannigfaltige, richten sich aber auch nach der Qualität des Geschäftes. — Zunächst will ich die Lage der von den besseren Firmen beschäftigten Näherinnen besprechen. Es sind dies durchgängig gelernte und geschickte Arbeiterinnen, welche, sobald sie lediglich ihre Näharbeit verrichten und für sich allein arbeiten, mit Leichtigkeit ℳ 1. 75 bis ℳ 2. 50 täglich verdienen, während die noch durch ihren Haushalt in Anspruch genommenen Personen durchschnittlich etwa die Hälfte dieses Satzes erreichen dürften, wobei zu beachten ist, daß ein Tagesverdienst von ℳ 2. 50 resp. Wochenverdienst von ℳ 15 bei den erstgenannten Arbeiterinnen durchaus nicht etwa zu den Ausnahmen gehört, sondern in manchen Geschäften geradezu die Regel bildet. —

Die Rein-Einnahme der selbst wieder Gehülfinnen beschäftigenden Näherinnen ist nicht viel höher wie diejenige der allein arbeitenden; doch scheint mir dies daran zu liegen, daß erstere durch die Beaufsichtigung mehr oder minder zahlreicher Gehülfinnen zu sehr an der eigentlichen Näharbeit gehindert sind.

Eine Hausindustrielle z. B., welche nur Schürzen anfertigt, 5 Nähmaschinen besitzt, 5 Gehülfinnen beschäftigt und sich für den Haushalt ein Dienstmädchen hält, hat nach Abzug aller Löhne und Spesen einen Jahresüberschuß von ℳ 722 oder ℳ 16 für die Woche verdient. Ihr Ehemann ist Marktthelfer in dem Wäschegeschäft, für welches die Frau arbeitet, bezieht einen festen Jahresgehalt von ℳ 1350 und führt genau Buch über die Einnahmen und Ausgaben der Frau, über die Maschinenabnutzung u. s. w. Für das Dutzend einfacher, ganz billiger Schürzen erhält die Frau ℳ 1. 50 Näherlohn, doch kommen auch Preise von ℳ 2—8 vor und zahlt sie ihren

Gehülfinnen für eine 9—10stündige Arbeitszeit — länger arbeitet sie auch selbst nicht —, einen Wochenlohn von ℳ 11. —

Die Frau hat vor ihrer Verheiratung für ein anderes Geschäft Ripsdecken genäht und ihre Gesundheit bei der dabei erforderlichen anstrengenden Maschinenarbeit derart geschwächt, daß ihr nach der Geburt ihres einzigen, jetzt 4jährigen Kindes ärztlicherseits jede weitere Nähmaschinenarbeit verboten ist. Sie schneidet daher nur den Stoff zu den Schürzen zu, plättet sie und kontrolliert im übrigen ihre Gehülfinnen. Für die aus 4 Stuben, von welchen regelmäßig wenigstens eine als Arbeitsraum benutzt wird, Küche und einer Kammer bestehenden Wohnung zahlt das Ehepaar ℳ 450 Jahresmiete; die Frau bekommt von ihrem Manne wöchentlich ℳ 20, muß dafür sämtliche Ausgaben des Haushalts mit Ausnahme der auf Vorrat eingekauften Kartoffeln, der Heizung und Beleuchtung, des Lohnes für das Dienstmädchen und der Miete bestreiten. Die Leute essen täglich, sowohl mittags wie abends Fleisch, trinken zum Abendbrot ein gutes Bier und ersparen sich jährlich einen für ihre Verhältnisse nicht unbedeutenden Betrag.

Eine andere Hausindustrielle, welche Oberhemden und Ausstattungswäsche näht, besitzt ebenfalls 5 Nähmaschinen und beschäftigt 8—9 Gehülfinnen, deren Beaufsichtigung sie derart in Anspruch nimmt, daß sie selbst höchstens die Knopflöcher macht. Ihre Gehülfinnen erhalten einen Wochenlohn von ℳ 6—12; sie erhält selbst von dem Geschäfte, für welches sie bereits seit 8 Jahren arbeitet, z. B. für das Dutzend Oberhemden ℳ 15 Näherlohn und bleiben ihr nach Abzug der Auslagen für Arbeitslöhne, Nähutensilien (Knöpfe und Band werden ihr geliefert) und Maschinenreparatur wöchentlich ℳ 18—20. Dabei besorgt sie aber — sie ist allerdings unverheiratet — noch ihren Haushalt selbst; sie ist kränklich und durch diesen Umstand gezwungen gewesen, ihre frühere Stellung als Direktrice in dem Wäschegeschäft, für welches sie jetzt arbeitet, aufzugeben. Als Direktrice kann sie ℳ 1800—2400 Jahresgehalt bekommen.

Eine dritte Hausindustrielle — ein junges Mädchen von etwa 21 Jahren — hat bei einer anderen Hausindustriellen 6 Monate lang gelernt, während der ersten 3 Monate nur mit der Hand und während der letzten mit der Maschine genäht, sowie das Zuschneiden erlernt. Einen Lohn erhielt sie während dieser Zeit nicht, mußte vielmehr monatlich ℳ 3 Lehrgeld zahlen. Seit 1½ Jahren arbeitet sie selbständig und zwar näht sie nur Damenhemden, zu welchen sie den Stoff selbst zuschneidet. Zuthaten, Besatz, Stickerei u. s. w. werden ihr geliefert, nur den Zwirn gibt sie selbst dazu und erhält sie für das Dutzend Damenhemden *M* 9, 10, 11, 12 und 18 Näherlohn. Sie hat 2 Maschinen, deren eine sie von ihren Eltern geschenkt erhielt, während sie sich die andere für *M* 85 selbst angeschafft und in zwei Raten bezahlt hat. Seit Kurzem hat sie eine jetzt 15jährige Verwandte (ohne Lehrgeld zu nehmen) angelernt und bezahlt dieser augenblicklich *M* 7 Wochenlohn, der bis *M* 12 steigen wird. Beide arbeiten von früh ½8—12 Uhr und von 2—½8 Uhr abends. Ihre Wocheneinnahme beträgt *M* 35 (!), von welcher also der Lohn der Gehülfin und die wöchentlich *M* 8 betragende Ausgabe für Wohnung und Kost (im Hause ihrer Eltern) abgehen. Der einzige Arbeitsraum dient ihr zugleich als Schlafzimmer. Ihr Arbeitgeber beschäftigt sie das ganze Jahr hindurch und könnte sie noch mehr Arbeit bekommen, wenn sie sich eine zweite Gehülfin halten wollte, was sie in der Befürchtung unterläßt, daß sie dann zu sehr von eigener Näharbeit abgehalten werden würde.

Ich glaubte diese drei Beispiele zur Kennzeichnung der Lage der Hausindustriellen, welche für bessere Geschäfte arbeiten, herausgreifen zu sollen und bemerke im Anschluß hieran, daß, soweit es sich um feinere Arbeit handelt, und das ist in jenen Geschäften fast durchgängig der Fall, folgende Verdienstsätze im allgemeinen angenommen werden können:

für eine allein arbeitende Näherin bis .	*M* 15	für die Woche
für jedes mit einer solchen zusammen arbeitende Familienmitglied	*M* 12	„ „ „
bei Einstellung fremder Gehülfinnen .	*M* 15—25	„ „ „

Da nun alleinstehende Mädchen für *M* 6—7 hier wohl ihren Lebensunterhalt bestreiten können, so ist es nicht zu bezweifeln, daß Mädchen und Frauen, welche etwas gelernt haben und etwas leisten, hier in Leipzig in der Wäschekonfektion einen auskömmlichen, guten und regelmäßigen Verdienst ohne übermäßige Anstrengung finden können und auch thatsächlich finden und ich wiederhole, daß es trotz dieser günstigen Sachlage leider an solchen geschickten Näherinnen fehlt, ein Umstand, in dessen Hervorhebung die gehörten Arbeitgeber wie Arbeitnehmerinnen vollständig übereinstimmten.

Wenden wir uns nun zur Betrachtung der Lage derjenigen Näherinnen, welche für weniger solide Geschäfte, sog. Bazare, Warenhäuser u. dgl. arbeiten. Es sind dies z. T. solche Personen, welche zwar geschickte Näherinnen aber durch ihre häuslichen Verhältnisse an regelmäßiger Arbeit verhindert sind, daher von den seither besprochenen Wäschegeschäften, die auf regelmäßige und pünktliche Ablieferung halten, nur ungern beschäftigt werden. Zum größten Teile jedoch sind es solche Näherinnen, die eine saubere und dauerhafte Arbeit anzufertigen nicht gelernt haben oder sie nicht zu liefern vermögen. Die

Zwangslage der Einen und die mangelnde Geschicklichkeit der Anderen, sowie das überreichliche Angebot solcher Arbeitskräfte ermöglicht es daher einer gewissen Art von Geschäften, Löhne zu zahlen, welche kaum als ein Äquivalent selbst für minderwertige Arbeit anzusehen sind und daher nur solchen Näherinnen mit knapper Not die Fristung des Daseins gestatten, die nicht nur den Tag über fast ohne Unterbrechung arbeiten, sondern noch einen mitunter recht beträchtlichen Teil der Nachtstunden zu Hülfe nehmen. Ich werde nachstehend einige Lohnsätze mitteilen, aus welchen hervorgeht, daß zur Erreichung eines Wochenverdienstes von ℳ 10 eine tägliche Arbeitszeit von 17 Stunden nötig ist. Wohin aber solche Verhältnisse führen, welche schweren gesundheitlichen Nachteile sie zunächst zur Folge haben — die ununterbrochene Arbeit an der Nähmaschine gehört keineswegs zu den gesunden Beschäftigungen —, das bedarf wohl keiner näheren Auseinandersetzung.

Daß es hier Geschäfte gibt, welche ein fertiges Hemd zu ℳ 1 verkaufen, ist schon erwähnt; selbstverständlich entnimmt dort der weniger kaufkräftige Teil des Publikums seinen Bedarf, die besseren Kreise kaufen dort nicht und so handelt es sich denn auch nur um ordinäre Ware. Allerdings lassen auch die soliden Geschäfte Wäschegegenstände für die unteren Klassen anfertigen, und zwar sowohl nach Stoff wie Arbeit in guter Qualität; aber die nachstehende Zusammenstellung zeigt ohne weiteren Kommentar den großen Unterschied zwischen den Löhnen, welche jene Händler, Bazare, Warenhäuser u. dgl, — unter A aufgeführt — einerseits und welche die mit B bezeichneten reellen Firmen andererseits bezahlen.

	A	B
Gewöhnliche Frauen-Barchenthemden für das Dutzend	ℳ 1.50	ℳ 3.60 bis ℳ 6
Gewöhnliche Männer-Barchenthemden für das Dutzend	= 1.75	= 3.60
Arbeitsblusen für Männer für das Dutzend	= 2.00	= 9.00
Kattunjacken für das Dutzend . .	= 1.00 bis ℳ 1.50	= 2.40
Gewöhnliche Schürzen für das Dutzend	= 0.60	= 1.50 bis ℳ 2.

Bezüglich der vorstehend mitgeteilten Preise für Hemden ist zu bemerken, daß es sich um glatte Hemden ohne Einsätze handelt, bei welchen es auch wenig auf Facon und gutes Sitzen ankommt. Die Näherlöhne für Hemden mit Einsatz sind bereits oben mitgeteilt und will ich hier nur noch nachtragen, daß, da es hier auf gutes Sitzen ankommt, das — meist von der Näherin selbst zu besorgende — Zuschneiden eine entsprechende Geschicklichkeit erfordert; die Einsätze zu den Hemden liefert dagegen der Unternehmer fix und fertig bis auf die von den Hausindustriellen herzustellenden Knopflöcher. —

Ich will nun zur weiteren Orientierung die Arbeitslöhne und Verkaufspreise einer hiesigen hochangesehenen Firma zusammenstellen:

	Arbeitslohn pro Stück	Verkaufspreis pro Stück
1. Männer-Barchenthemden . . .	ℳ 0. 30	ℳ 1.60; 1.90; 2.00 je nach Größe;
2. Frauen-Barchenthemden m. Besatz	„ 0. 50	„ 1. 80 bis ℳ 2. 40;
3. Leinene Männerhemden aus solidem Kettengarnleinen, reichlich an Stoff, bequem sitzend, von Arbeitern viel getragen . . .	„ 0. 50	„ 3. 00;
4. Militärhemden aus Baumwolle, gestreift	„ 0. 30	„ 1. 75;
5. Herrenoberhemden mit glattem Einsatz	„ 1. 25	„ 4. 25 bis ℳ 5. 00;
6. Arbeiterblusen, blaues, weiß-gestreiftes Leinen	„ 0. 75	„ 2 75 „ „ 2. 85.

Ich habe oben die Verhältnisse einiger für bessere Geschäfte arbeitenden Näherinnen geschildert und will nun auch ein Beispiel aus der anderen Kategorie anführen. Frau N. ist seit 4 Jahren Witwe und hat 4 Kinder im Alter von 5—14 Jahren; zum eigenen und ihrer Kinder Unterhalt ist sie lediglich auf ihrer Hände Arbeit angewiesen und erwirbt denselben, soweit überhaupt möglich, durch Nähen wollener Hemden. Diesem Berufe hat sie auch bereits zu Lebzeiten ihres Mannes obgelegen und mit dessen Beihülfe sich damals eine Nähmaschine für ℳ 90 gekauft. Sie arbeitet für eine jener — ich kann sie nicht anders nennen — berüchtigten Firmen und erhält als Näherlohn für ein Dutzend Kinderhemden ℳ 1. 25, für ein Dutzend Männerhemden ℳ 1. 75, muß den Stoff selbst zuschneiden und alle Zuthaten selbst liefern. In den Wochen vor Weihnachten ist sie auch für eines der ersten hiesigen Wäschegeschäfte thätig und bezieht von diesem für ganz dieselbe Arbeit wie bei jenem anderen Geschäfte ℳ 4. 80 resp. ℳ 6 Näherlohn für das Dutzend; sie hält sich während dieser Zeit eine Gehülfin, der sie ℳ 6—7½ Wochenlohn zahlen kann. Da sie für ihre Kinder und den Haushalt zu sorgen hat, so ist es ihr natürlich nicht möglich, den ganzen Tag zu nähen und so bringt sie es trotz Zuhülfenahme der Nachtstunden selten zu einem halben Dutzend Hemden täglich und ihr Wochenverdienst beträgt durchschnittlich ℳ 3 — abgesehen natürlich von jener Zeit, während welcher die Frau auch noch für das erwähnte solide Geschäft arbeitet. Davon kann die Frau mit ihren Kindern, die zudem kränklich sind, selbstverständlich nicht leben (selbst wenn sie den ganzen Tag ununterbrochen nähen könnte, würde sie kaum ℳ 1 täglich verdienen) und erhält sie daher für sich und ihre Kinder seitens der Stadt eine entsprechende Armenunterstützung. Ich möchte zur Vervollständigung dieses Bildes noch anführen, daß die Frau früher für ein anderes gleichgeartetes Geschäft, ein sog. Warenhaus, arbeitete und dort eine Kaution von ℳ 7 stellen mußte, das einzige Vorkommnis dieser Art, welches mir bei den angestellten Erhebungen in den verschiedenen Zweigen der Hausindustrie begegnet ist.

Die von den verschiedenen Hausindustriellen gelieferten Gegenstände, namentlich die sog. Ausstattungswäsche, werden zum Teil im Geschäfte des Unternehmers noch gewaschen und geplättet und sind im übrigen verkaufsfertig. Die Preise der fertigen Ware haben sich in den letzten Jahren nicht gebessert, sind vielmehr infolge der Massenproduktion in manchen Artikeln zum Teil herabgegangen. Im Ganzen aber ist die Lage des Geschäftes eine gesunde und hofft man das Gleiche auch von der Zukunft. Die Beteiligung der Hausindustrie wird wohl dieselbe bleiben wie jetzt und wäre es für sie nur zu wünschen, daß das Publikum sich mehr und mehr von denjenigen Geschäften der gesamten Konfektionsbranche abwendete, welche ich im Vorstehenden hinreichend gekennzeichnet zu haben glaube. —

14. Rauchwaren-Zurichterei und Kürschnerei.

Die Bedeutung Leipzigs für den Handel mit Rauchwaren — Tierfelle zur Pelzwerksbereitung — und für die Bearbeitung der Felle darf wohl als allgemein bekannt vorausgesetzt werden, sodaß ich mich daher nach dieser Richtung hin um so mehr auf wenige Bemerkungen beschränken kann, als mir bekannt ist, daß demnächst eine ausführliche Monographie über das Leipziger Rauchwarengeschäft erscheinen wird. — Zur Leipziger Messe gelangen Pelzfelle aus ganz Europa, Asien und Amerika (namentlich Nordamerika). Lomer (Der Rauchwarenhandel, Betriebsweise und Warenkunde, Leipzig 1864) schätzt die Zahl der hier aus allen Teilen der Erde zusammenströmenden fremden Rauchwarenhändler auf nicht weniger wie 2500, von welchen die bedeutendsten sich immer mehr hier am Platze selbst etablieren oder Kommanditen errichten, sodaß Leipzig ein fortdauernder Markt in diesem

Erwerbszweige geworden ist, zumal gleichzeitig die hiesigen Firmen mehr und mehr dazu übergehen, speciell an den nordamerikanischen Sammelplätzen direkt und für eigene Rechnung einzukaufen. — Als im Jahre 1879 aus Anlaß einer den Rauchwaren drohenden Belegung mit einem hohen Eingangszoll unter allen hiesigen und denjenigen auswärtigen Firmen im Reiche, welche zur Messe hier Geschäfte betreiben, eine Enquete veranstaltet wurde, ergab sich nach dem Berichte der hiesigen Handelskammer für 1878 und 1879 S. 75 folgendes:

Der Gesamtumsatz des Leipziger Rauchwaren-Geschäftes im Jahre 1878 — ein Jahr mit außergewöhnlich niedrigen Durchschnittspreisen — betrug ℳ 40 966 121, wovon 39,5 Millionen auf einheimische, der Rest auf auswärtige Häuser kommen. Die direkten Bezüge aus dem Ausland haben bei den hiesigen Firmen ℳ 24 376 345, bei den auswärtigen ℳ 665 016 betragen. Verkauft wurde nach dem Inland für 12 Millionen Mark, darunter für 11,6 Millionen an hiesige Firmen, nach dem Ausland aber für 25,1 Millionen, darunter 24,6 Millionen von hiesigen Firmen.

Diese Zahlen mögen genügen, um die Bedeutung und den Umfang des Leipziger Rauchwaren-Geschäftes zu kennzeichnen.

Die Felle, wie sie hierher kommen, sind nun natürlich noch nicht in einem Zustande, um direkt zu Pelzwerk verarbeitet werden zu können; sie müssen vielmehr erst noch der sog. Zurichterei unterworfen und z. T. auch noch gefärbt werden. Zu diesem Zwecke bestehen in Leipzig, dessen Vorort Lindenau und in Markranstädt ganz bedeutende Etablissements, deren manche mehrere hundert Arbeiter beschäftigen, sich einen Weltruf erworben haben, ja, so namentlich in der Schwarzfärberei, nach Überwindung der Konkurrenz von Lyon, unbestritten als die ersten der Welt dastehen. In der That werden von den Londoner Auktionen die dort gekauften Felle nur zum Zurichten und Färben hierher geschickt und gehen dann direkt wieder ins Ausland zurück. — Um einen Begriff von dem Umfange dieses Geschäftes zu geben, führe ich nach dem Leipziger Handelskammerberichte für 1880 nur an, daß allein in 3 Zurichtereien in Markranstädt bearbeitet wurden:

	1879		1880	
Bisamfelle . .	2 404 000	Stück	2 380 000	Stück
Biberfelle . .	138 000	„	133 000	„
Andere Felle .	1 218 000	„	1 418 000	„
Sa.	3 760 000	Stück	3 931 000	Stück.

Die Zurichterei der rohen Felle unterscheidet sich von der Ledergerbung insofern, als bei ersterer das Haar nicht bloß bleiben, sondern auch in seiner Schönheit erhalten werden soll, ist aber insofern einfach, als meist

Winterfelle mit dünner Haut und dichtem Haar zu verarbeiten sind. Die in feuchtes Sägemehl eingelegten Felle werden zu diesem Zwecke erst von den oberen Partien der noch anhaftenden Fleisch- und Fetteile befreit, getrocknet, gewalkt, zum Öffnen der Poren mit Fett bestrichen, wieder angefeuchtet und durch abermaliges Schaben völlig von Fleisch und doppelhäutigen Teilen befreit. Dann läutert man sie durch Schleudern in rotierenden Tonnen, streckt sie und macht sie fertig, d. h. die Felle werden geklopft und gekämmt.

Auch die Hausindustrie ist an dem Prozesse der Zurichterei beteiligt; leider aber befinden sich ihre Angehörigen keineswegs in glänzender Lage. Trotzdem haben wir im Zusammenhange mit der immer fortschreitenden Entwickelung der Zurichterei in unserem Bezirke eine Zunahme der Hausindustriellen gegen früher zu verzeichnen. Nach der Berufszählung vom 1. Juni 1882 wurden im hiesigen Bezirke 90 hausindustrielle Betriebe mit 149 Personen gezählt, während von 16 Großbetrieben aus 400 Hausindustrielle beschäftigt wurden. Jetzt wird die Zahl der allein in Markranstädt mit Fellrupfen beschäftigten Männer auf 50, der mit Fellnähen beschäftigten Frauen auf etwa 400 angegeben. Leider war es nicht möglich, bestimmte und zuverlässige Zahlen über den ganzen Bezirk zu erhalten. —

Der Hausindustrie fällt von der Zurichterei die Verrichtung des Fellnähens und Fellrupfens zu, d. h. die durch Schuß, Stich, Biß, Brand u. s. w. entstandenen Löcher und Risse in den Fellen werden wieder zugenäht und an denjenigen Fellen, welche gefärbt werden sollen, werden, nachdem sie in der Fabrik gewalkt und wenn nötig genäht worden, die über der Grundwolle hervorstehenden Oberhaare mittelst eines scharfen Messers ausgerupft. Beide Verrichtungen werden übrigens gleichzeitig auch in der Fabrik selbst vorgenommen und werden hier stets die in die Löcher und Risse der Felle etwa einzusetzenden Stücke bereits zugeschnitten, auch dann, wenn das Fellnähen von Hausindustriellen besorgt wird. Die Arbeit des Rupfens wird in der Hausindustrie nur Männern übertragen (welche ihrerseits oft wieder weibliche Personen beschäftigen), das Fellnähen dagegen nur Frauen. Kinder werden, da die Arbeit für sie zu schwer sein würde, nicht verwandt. (Vergl. weiter unten.)

Die Zahl der vom hausindustriellen Fellnäher beschäftigten weiblichen Personen schwankt je nach den vorliegenden Aufträgen zwischen 3 bis 10 und kann eine solche Gehülfin bei voller Beschäftigung etwa ℳ 5—6 in der Woche verdienen; wegen der zahlreichen und oft recht lange dauernden Arbeitsunterbrechungen ist jedoch der durchschnittliche Jahresverdienst einer solchen Arbeiterin höchstens nur auf ℳ 120—150 zu veranschlagen. Der Stücklohn beträgt für sie etwa ℳ 3 für 100 Felle, d. h. nur dann, wenn der Hausindustrielle selbst ℳ 3. 50 für das Hundert (wie z. B. für Bisamfelle) von der Fabrik erhält; für andere Fellsorten werden ihm nur ℳ 2 für das Hundert gezahlt.

Die Lohnsätze sind in den letzten Jahren ziemlich dieselben geblieben und könnte der hausindustrielle Fellrupfer bei voller Beschäftigung recht wohl ℳ 20 in der Woche verdienen, da bei zehnstündiger täglicher Arbeitszeit etwa 10 Dutzend Felle gerupft werden können; leider aber ist die Beschäftigung eine sehr unregelmäßige. Während 4—5 Monate ist kaum zur Hälfte genügend Arbeit vorhanden, oft gar keine und so ist nach meinen Ermittelungen ein Jahresverdienst von ℳ 700 schon als ein hoher anzusehen. Das Arbeitsquantum häuft sich nach der Leipziger Ostermesse ganz bedeutend und hält etwa bis August an; auch in den ersten 3 Wochen nach der Michaelismesse liegen überreichliche Aufträge vor, sodaß in diesen Perioden oft 18 Stunden täglich gearbeitet werden muß. Doch auch das ist nicht einmal jährlich wiederkehrende Regel, denn z. B. vom August 1889 bis Februar 1890 gab es fast gar keine Arbeit und belief sich während dieser Zeit der Wochenverdienst der Hausindustriellen, die natürlich alle Gehülfinnen entlassen hatten, mitunter nur auf ℳ 2 (!), sodaß diese gezwungen waren, bei den Fabriken um Vorschuß zu bitten, also Schulden zu machen, um nur das tägliche Brot beschaffen zu können.

Dabei ist die Arbeit eine anstrengende und infolge des vielen Staubes in den Fellen recht lästige, wenn auch über gesundheitsschädliche Einflüsse nicht geklagt wird. — Während der stillen Zeit können die Leute auch keiner anderen Beschäftigung nachgehen, da sie jeden Augenblick gewärtig sein müssen, einen und zwar dann immer eiligen Auftrag seitens der Fabrik zu erhalten und sofort deren Arbeit verlieren würden, wenn sie ihr nicht stets zur Verfügung stehen. Nirgends habe ich daher auch etwas davon konstatieren können, daß der Hausindustrielle noch etwas Landwirtschaft betriebe.

Daß unter diesen Umständen die Lage der Hausindustriellen eine traurige ist, bedarf keiner besonderen Ausführung, zumal sie gezwungen sind, sich wegen der starken Staubentwickelung beim Fellrupfen trotz des kärglichen Verdienstes besondere Arbeitsräume zu halten und für eine aus Stube, Kammer, Küche und Werkstätte bestehende Wohnung z. B. in Markranstädt allein ℳ 150—200 Jahresmiete gezahlt werden muß. Bei einem Jahresverdienst von ℳ 700 verbleiben dann also noch ℳ 500 zur Bestreitung des Lebensunterhaltes für die ganze Familie und es ist leicht zu denken, wie dieser dabei beschaffen sein muß; Kaffee, Kartoffeln und Brot sind die hauptsächlichsten, in manchen Fällen fast einzigen Nahrungsmittel.

Die Lohnzahlung erfolgt wöchentlich in barem Gelde, die Ablieferung seitens des Hausindustriellen nach dessen Belieben und ist der Verkehr zwischen ihm und der Fabrik ein direkter. — Wie bereits bemerkt, werden auch in der Fabrik selbst Felle genäht und gerupft, soweit dieselbe über die nötigen Räumlichkeiten dazu verfügt; bei der nur periodisch auftretenden starken Beschäftigung belastet man sich aber nicht gerne mit längere Zeit hindurch unbenutzt stehenden Räumen und läßt lieber eine größere Zahl Hausindustrieller für sich arbeiten. Auch die Fabrikarbeiter sind denselben Arbeitsunterbrechungen ausgesetzt, wie die Hausarbeiter; doch werden bei eintretender Geschäftsstille zuerst die letzteren entlassen, sodaß die ersteren, welche bei starkem Geschäftsgange mitunter bis ℳ 60, ja ℳ 70 mit Fellrupfen in der Woche verdienen sollen, nicht so leicht in Not geraten können.

Die genähten und gerupften Felle werden in der Fabrik noch rasiert, d. h. die etwa stehen gebliebenen Spitzen werden mit einem scharfen Messer abgeschnitten und sind die Felle dann zum Färben fertig.

Die Zurichtereien verarbeiten nicht eigene Felle, sondern im Stücklohn die ihnen vom Rauchwarenhändler und Kürschner übergebenen Felle und erhalten sie z. B. für Bisamfelle für das Rupfen 5 ₰, für das Färben 30—40 ₰, für Fertigmachen 5 ₰ für das Stück. Bei kleineren Partieen sind diese Löhne in letzter Zeit etwas gestiegen. —

Die Rupfer gehören den Ortskrankenkassen an; ihre Gehülfinnen jedoch nicht.

Noch trauriger ist die Lage der Fellnäherinnen, sobald dieselben hierin allein ihren Lebensunterhalt finden wollen. In Markranstädt werden allerdings nur die Ehefrauen der in den Zurichtereien angestellten Fabrikarbeiter mit Fellnähen beschäftigt, die so zu einer wenn auch nur sehr mäßigen Aufbesserung des Haushalts beitragen. Anderwärts wenden sich meist kranke und schwächliche Frauen, die vielfach Almosenempfängerinnen sind, dieser Arbeit zu und soweit es sich um unverheiratete weibliche Personen handelt, die eine andere Beschäftigung außer dem Fellnähen nicht haben, sollen sich manche derselben, wie wenigstens berichtet wird, der Prostitution ergeben.

Die Arbeit besteht im Zunähen der Löcher und Risse in den Fellen und werden, wie bereits bemerkt, bei sehr schlechten Fellen die einzusetzenden Flicken den Näherinnen von der Zurichterei bereits fertig zugeschnitten übergeben. Schwierig zu lernen oder sehr anstrengend ist die Arbeit nicht, doch werden Kinder nur ganz ausnahmsweise verwandt. Die Löhne sind je nach den Fellsorten verschieden; so z. B. bei Bisamfellen 75 ₰ bis ℳ 1, bei feinerer Arbeit auch ℳ 1. 50 bis ℳ 2 für das Hundert und können bei Ware von durchschnittlicher Güte in 6 Stunden etwa 40 Felle genäht werden. Da jedoch monatelang gar keine Arbeit vorliegt (oft nur für $^1/_2$—1 Stunde täglich), so können höchstens ℳ 1. 50 bis ℳ 3 durchschnittlich für die Woche verdient werden. Ein Wochenlohn von ℳ 3 wird sogar schon als Ausnahme bezeichnet und dabei müssen die Näherinnen den benötigten Zwirn und die Nadeln sich selbst stellen; ersteren erhalten sie mitunter von der Zurichterei zum Selbstkostenpreise. Nähmaschinen sind nicht im Gebrauch. Die Ablieferung erfolgt täglich, sobald nur ein Teil der erhaltenen Ware fertig genäht ist, die Zahlung dagegen wöchentlich in Bar und ist auch hier der Verkehr ein direkter. — Die in der Fabrik selbst beschäftigten Näherinnen verdienen in der Woche ℳ 6—9 und gilt im übrigen von ihnen dasselbe, was von den in der Fabrik thätigen Rupfern oben gesagt ist.

In Markranstädt, wo, wie gesagt, nur die Ehefrauen der Fabrikarbeiter als Fellnäherinnen beschäftigt werden, gehören diese Leute meist einem Konsumvereine an, der zwar seinen Mitgliedern keine billigeren Preise gewährt als der Kaufmann, ihnen aber alljährlich zu Weihnachten den erzielten Gewinn bar auszahlt und bilden die so erhaltenen Beträge eine wertvolle Unterstützung für die größeren Ausgaben beim Jahreswechsel.

Nicht über niedrige Lohnsätze klagen die Rupfer und Näherinnen, wohl aber über die so sehr unregelmäßige Beschäftigung und hieran geben sie die Schuld nicht ihren direkten Auftraggebern, den Zurichtereien, sondern den diese letzteren beschäftigenden Rauchwarenhändlern und Kürschnern. In der That lediglich in der leidigen Gepflogenheit derselben, ihre Aufträge nur jeweilig im Zusammenhang mit den Leipziger Messen zu erteilen und gleichzeitig deren schleunigste Erledigung zu verlangen, liegt die Ursache für die zeitweilige Überlastung der Zurichtereien, ihrer Fabrikarbeiter und der Hausindustriellen, wie auch für deren monatelange unzureichende Beschäftigung. Das Übel wird dadurch noch vergrößert, daß jetzt jeder, auch der kleinere Kürschner, selbst Felle kauft und zum Zurichten ausgiebt; da er nun das geringe, ihm zur Verfügung stehende Kapital nicht lange in den Fellen stecken lassen kann und will, so drängt er nicht minder wie der Großhändler auf schleunige Erledigung seines Auftrags.

Wenn es möglich wäre, alle Zurichtereien und Färbereien zu einem gemeinsamen Vorgehen zu vereinigen, so würde dem Übelstande der nur periodischen und eiligen Bestellungen wohl gesteuert werden können; ich bezweifle aber, daß eine solche Vereinigung möglich sein würde, allein schon in Rücksicht auf den Wettbewerb des Auslandes. Jedenfalls aber kann der Einwand, die Felle müßten im Interesse ihrer Erhaltung rasch verarbeitet werden, als ein berechtigter nicht anerkannt werden; das Verderben roher Felle ist bei entsprechender Behandlung derselben nicht möglich und es gibt thatsächlich Mittel, sie Jahre lang vor dem Verderben zu schützen. Aus eigener Initiative der Zurichtereien einerseits und der Rauchwarenhändler und Kürschner andererseits ist meiner Ansicht nach eine Abstellung der leidigen Saisonarbeit und eine Verbesserung der Lage der einer solchen dringend bedürftigen Hausindustriellen nicht zu erwarten; um so interessanter war es mir daher, daß der Direktor einer der größten Zurichtereien im hiesigen Bezirke die gesetzliche Festsetzung einer Maximalarbeitszeit als das einzige Mittel zur Abhülfe bezeichnete, eine Bestimmung, welche für jeden Unternehmer gelten solle, welcher auch nur eine einzige Person, sei es an der eigenen Betriebsstelle, sei es in fremder Behausung, beschäftige. Durch eine solche tief einschneidende Maßregel würde allerdings die in dem hier in Rede stehenden Industriezweige vorliegende Arbeit gleichmäßiger über das ganze Jahr verteilt und die jetzige Saisonarbeit fast ganz beseitigt werden können. Thatsächlich soll auch nach der Angabe des betr. Herrn in England nicht mehr wie 9—10 Stunden täglich in den Zurichtereien gearbeitet werden, selbst nicht beim schärfsten Geschäftsgange. Zwar ist dadurch die Saisonarbeit nicht zur völligen Unmöglichkeit gemacht und auch in England ist während der Monate November und Dezember stille Zeit; aber wenn ich mich der beweglichen Bitten erinnere, welche die vernommenen Hausindustriellen dahin stellten, es möchte die unsererseits angestellte Erörterung doch dazu benutzt werden, ihre in Wahrheit bedrängte Lage durch eine veränderte Arbeitseinteilung zu verbessern, so kann ich mich der Wiedergabe jener nicht von einem Arbeiter, sondern von einem Arbeitgeber ausgesprochenen Ansicht über die einzig mögliche Abhülfe um so weniger entziehen, als es in der That Aufgabe des Staates ist, da helfend einzugreifen, wo die freie Initiative der Unternehmer bisher versagt hat. —

Nicht unerwähnt möchte ich schließlich lassen, daß, nachdem die hiesigen Rauchwarenhändler und damit auch die Zurichtereien infolge der politischen

Beunruhigungen im Jahre 1887 über einen schlechten Geschäftsgang zu klagen gehabt hatten und im Jahre 1888 wieder Aufträge in größerer Menge wie seit längerer Zeit eingelaufen waren, unter den Fabrikarbeitern der Zurichtereien und Färbereien ein Strike ausbrach, der nach fünfwöchentlicher Dauer mit Bewilligung eines höheren Lohnes an die Arbeiter endete. Der Strike fiel gerade in die beste Geschäftszeit und die Hausindustriellen, welche sich an demselben nicht beteiligten, wurden durch den Ausfall der sonst mit der Leipziger Ostermesse zusammenhängenden flotten Beschäftigung empfindlich geschädigt. Trotzdem wurde ihnen eine Lohnerhöhung nicht zu Teil und ich kann mich denjenigen nicht anschließen, welche es eine Entschädigung für die Hausindustriellen nennen, daß sie in jenem Strikejahr statt wie sonst zur Zeit der Ostermesse, diesmal in den sonst stillen Monaten November und Dezember eine stärkere Beschäftigung fanden. —

Bei der Bedeutung Leipzigs für den Pelzmarkt ist es erklärlich, wenn sich bereits früh auch das Kürschnergeschäft hier entwickelt hat und zu einer entsprechenden Blüte gelangte. Bis zum Jahre 1884 bestanden hier zwei Innungen, welche sich jedoch im genannten Jahre vereinigten. Für diese Vereinigung waren zunächst die geschäftlichen Verhältnisse bestimmend gewesen, die sich mittlerweile recht unbefriedigend gestaltet hatten. Von jeher war Paris für die Feststellung der Mode in feinen Pelzsachen für Europa und Nordamerika maßgebend gewesen und hielt so auch das Leipziger Kürschnergeschäft in oft schwer empfundener Abhängigkeit; aber auch von Berlin aus eröffnete sich nunmehr eine scharfe Konkurrenz, indem die dort entstandenen bedeutenden Großkürschnergeschäfte mit ihrer billigen Massenfabrikation geringwertiger Artikel an den Markt kamen und das solide Kleinkürschnergeschäft in Leipzig hart bedrängten. Auch hier am Platze selbst etablierten sich einige solche Großkürschner, von deren Einfluß auch auf die Arbeitslöhne, namentlich für die Hausindustrie, weiter unten die Rede sein soll. Eine weitere Beeinträchtigung erfuhren die hiesigen Kleinkürschner dadurch, daß seitens einzelner hiesigen Großkonfektionäre in Kleidern und Mänteln auch die Herstellung von Pelzmänteln u. s. w. aufgenommen wurde und zwar insofern mit Unterstützung seitens großer Rauchwarenhändler, als Letztere den Konfektionären zu Beginn der Saison Pelze in den verschiedensten Sorten und beliebiger Menge überließen und nach Schluß der Saison dann das Nichtverkaufte wieder zurücknahmen. Die Kleinkürschner dagegen müssen bei Beginn der Saison ihren Pelzbedarf für feste

Rechnung kaufen und bezahlen, und so das Risiko, daß infolge eines plötzlichen Modewechsels oder, was namentlich in den letzten Jahren sehr häufig der Fall gewesen ist, infolge eines milden Winters ein großer Teil ihres Lagers unverkäuflich bleibt, selbst tragen. Es ist begreiflich, daß sich unter diesen Umständen die Lage der Kleinkürschner unerfreulich gestaltet hat, namentlich solcher, deren Absatz nach den Kürschnern und Handlungen der Provinz ging. Die nicht kapitalkräftigen unter den Kleinkürschnern werden daher augenblicklich mehr und mehr in die Hausindustrie gedrängt und auch die besser gestellten vermögen sich nur dadurch zu halten, daß sie neben den eigentlichen Pelzsachen noch andere Artikel führen. Namentlich sind sie geradezu gezwungen, auch Tuchstoffe zu führen, um ihren Kunden für einen Pelzmantel gleichzeitig nicht nur den Pelz selbst, sondern auch den Überzug liefern zu können.

Einen erfreulichen und auch erfolgreichen Schritt zur Besserung dieser Verhältnisse und zur Unabhängigmachung von Paris bildet die vor 10 Jahren von hier aus erfolgte Gründung des Vereins deutscher Kürschner, dessen Vorsteher der Obermeister der hiesigen Kürschner-Innung ist. Dieser Verein veranstaltet jährlich im Anschluß an die hiesige Ostermesse eine Ausstellung von Pelzsachen, die von den Mitgliedern eingeschickt und von einer Jury geprüft werden, welch' letztere dann die besten Sachen auswählt, die nunmehr die Mode für die nächste Wintersaison bestimmen. Mit dieser Ausstellung von Pelzsachen (in 1889 waren nahe an 200 Gegenstände eingesandt worden) ist eine Ausstellung sämtlicher Zuthaten, wie Seide, sonstige Futterstoffe u. s. w., deren die Kürschnerei bedarf, bis zu den Kartonnagen für die Verpackung und Aufbewahrung herab, verbunden, welche den Kürschner über die zweckmäßigsten Bezugsquellen dieser Gegenstände orientiert. Welchen Anklang diese Bestrebungen des Vereins gefunden haben, geht daraus hervor, daß derselbe augenblicklich etwa 440 Mitglieder zählt, von welchen 60 allein in diesem Jahre eingetreten sind und in der That haben gerade die Ausstellungen, deren Resultate allen Mitgliedern gegen die einfache Zahlung eines Jahresbeitrages von ℳ 3 in Schrift und Bild mitgeteilt werden, es bewirkt, daß die Konkurrenz von Paris und Berlin nicht das ganze Geschäft an sich gezogen hat. —

Nicht alle Kleinkürschner beschäftigen auch Hausindustrielle; sie halten sich vielmehr meist — namentlich die nur für Privatkundschaft arbeitenden — Gesellen und Arbeiterinnen, welche fast durchgängig nicht gegen Stücklohn, sondern im Wochenlohn arbeiten. Die Mädchen verdienen dabei ℳ 9—10 in der Woche, die Gesellen im Sommer ℳ 20—22, im Winter ℳ 26—28 für die Woche. Leider besteht auch hier der Übelstand der

Saisonarbeit und fehlt es namentlich im Sommer sehr oft an Beschäftigung; doch sind die in der Werkstatt eines Kürschners arbeitenden Personen infolge des guten Lohnes im stande, die stille Zeit leichter zu überstehen.

Die Großkürschner beschäftigen sämtlich Hausarbeiter und soll die Zahl derselben im hiesigen Bezirke etwa 60—80 betragen, abgesehen von den mitarbeitenden Ehefrauen und den etwaigen Gehülfen und Gehülfinnen. Die Lage dieser Hausarbeiter ist eine sehr verschiedene; die bei den Kleinkürschnern beschäftigten verdienen recht wohl bei Alleinarbeit durchschnittlich wenigstens ℳ 800—900 im Jahr; während die für Großkürschner arbeitenden selbst unter Zuhülfenahme der Nachtstunden und bei ständiger Mitarbeit der Frau es höchstens auf ℳ 800—1000 bringen und gerade sie sind es, die während der stillen Geschäftszeit sich in der allerschlimmsten Lage befinden. Während der Monate Januar bis März, November-Dezember ist höchstens auf ein Drittel bis die Hälfte des regulären Verdienstes zu rechnen. So hatte ein vernommener Hausarbeiter in der Zeit von Weihnachten 1889 bis Ende Februar 1890 im ganzen nur ℳ 26. 60 verdient! Die Hauptbeschäftigungszeit liegt von Pfingsten bis Mitte November und wird dann gewöhnlich von früh morgens bis 1 auch 2 Uhr nachts gearbeitet, vor den Ablieferungstagen wohl auch die ganze Nacht hindurch. Überall arbeitet die Ehefrau mit und mitunter werden Gehülfen — meist Mädchen — gehalten, welche bei 11stündiger täglicher Arbeitszeit ℳ 10 in der Woche verdienen. Überstunden werden mit 50 %, Sonntagsarbeit mit 100 % vergütet. Beschäftigt der Hausarbeiter die Gehülfinnen nicht in seiner eigenen Wohnung, so wird die Arbeit im Akkord zu 50—80 ₰ für den Meter bezahlt. —

Bei dem geringen Verdienst der Hausarbeiter ist es doppelt zu beklagen, daß es hier Großkürschnereien gibt, welche die Löhne in nicht qualifizierbarer Weise drücken. Abgesehen davon, daß sie die in ihrer Fabrik arbeitenden Mädchen schlecht bezahlen — so z. B. werden Muffe, welche früher mit 30—40 ₰ vergütet wurden, jetzt mit 12—15 ₰ bezahlt und verdient ein Mädchen kaum ℳ 15—18 im Monat —, sie verfahren auch den Hausarbeitern gegenüber nicht immer reell. Ein solcher hatte z. B. von einem derartigen Geschäft eine Bestellung von Mufflonbesatz erhalten, der seither mit 25 ₰ der Meter bezahlt wurde; bei Übertragung des Auftrages wurde dem Manne nichts von einer Preisänderung gesagt, als er aber ablieferte, sollte er nur 20 ₰ für den Meter erhalten. Auf seine Vorstellung erwiderte man ihm, wenn er sich mit der Kürzung nicht zufrieden gebe, würde er überhaupt keine Arbeit mehr erhalten und so blieb dem Arbeiter, dessen Miete überdies gerade fällig war, nichts übrig, als sich zu fügen. Derartige Vorkommnisse sollen leider durchaus nichts seltenes sein; auch wird darüber geklagt, daß solche Geschäfte die Leute oft ein Vierteljahr lang auf ihren Lohn warten lassen. Begünstigt werden diese wenig schönen Manipulationen dadurch, daß diese Großkürschnereien weibliche Arbeitskräfte in den benachbarten Orten Weißenfels, Naumburg u. s. w. zu außerordentlich niedrigen Löhnen beschäftigen, die kaum ℳ 4—6 in der Woche betragen sollen.

Nur ein Teil der Leute ist daher im stande, ein kleinbürgerliches Leben zu führen und sich neben den Wohnräumen noch eine besondere Werkstätte zu halten. Wer für eine aus 2 Stuben, 2 Kammern und Küche bestehenden Wohnung ℳ 210 Miete und außerdem für Steuern ℳ 61 im Jahr zahlen muß, kann bei einem Jahresverdienst von etwa ℳ 900 und einer aus Frau und 3 Kindern bestehenden Familie keinen besonderen Arbeitsraum halten. —

Die Lohnsätze sind in den letzten Jahren eher zurückgegangen, trotzdem das Wintergeschäft im Jahre 1889 ein gutes war; einen kleinen Verdienst können sich manche Hausarbeiter in der stillen Zeit dadurch erwerben, daß sie bei den großen Rauchwarenhändlern Beschäftigung im Ausklopfen und Zurichten der Felle finden, doch sind sie meist genötigt, Schulden zu machen. Die Ablieferung und Lohnzahlung erfolgt in der Regel einmal wöchentlich, am Sonnabend. (Wegen der Lohnzahlung siehe oben!) Nähseide und Nadeln müssen die Hausarbeiter selbst stellen, ebenso sind die Nähmaschinen ihr Eigentum; Futterstoffe, wie Seide u. s. w. werden ihnen vom Geschäft ohne Berechnung geliefert, selbstverständlich auch die Pelze. Zu erwähnen ist übrigens noch, daß die Hausarbeiter mitunter die Pelzabfälle behalten dürfen und dann diese an Filzhutfabrikanten verkaufen; wer kostbaren Pelz verarbeitet, hat hierin eine verhältnismäßig nicht unbedeutende Nebeneinnahme, da z. B. für 1 Pfund Abfall von Bisamratte ℳ 1. 75, von Biber sogar ℳ 4. 50 bezahlt wird. Einer der vernommenen Hausarbeiter, der ein Quantum Bisamfell im Werte von ℳ 250 verarbeitete, erlöste aus dem Verkauf des sich dabei ergebenden Abfalls ℳ 10 und soll der jährliche Erlös wenigstens soviel betragen, daß man dadurch die Miete eines Wohnraumes decken könne.

Ein Teil der Arbeit der Hausindustriellen wird halbfertig geliefert, so werden z. B. Müffe erst in der Fabrik auswattiert; doch ist der größte Teil ihrer Erzeugnisse verkaufsfertig. Die letzteren werden übrigens auch sämtlich in der Fabrik der Unternehmer, welche durchschnittlich dort eine weit höhere Anzahl von Arbeitern beschäftigen, hergestellt. —

Einen einzigen Hausarbeiter konnte ich ermitteln, welcher auch für eigene Rechnung arbeitet; dieser, ein intelligenter Mann, der längere Jahre in Paris gearbeitet hat, nimmt zwar auch Beschäftigung als Hausarbeiter, erfindet aber selbständig Muster in Mützen und Baretts, die er den Kürschnern offeriert und für welche er willig Abnahme findet. Leider konnte er sich nicht entschließen, anzugeben, inwiefern er sich hierdurch besser steht, wie seine Berufsgenossen. — Die meisten Hausarbeiter sollen den betr. Ortskrankenkassen angehören; ihre etwaigen Gehülfinnen sind sie bei diesen zu versichern verpflichtet. — Als Rohstoff werden Pelzfelle aller Gattung und der verschiedensten Provenienz verarbeitet, hergestellt Pelzfutter, Muffe, Boas, Kragen, Mützen u. s. w. — Die Preise, welche in den letzten Jahren stark gewichen waren, haben sich im Winter 1889/90 wieder gehoben, und scheint, da sich die Mode den Pelzwaren wieder mehr zuwendet, ein Anhalten dieser Besserung in Aussicht zu stehen. Zu wünschen wäre es, daß diese sich dann auch auf die Lage der Hausarbeiter erstreckte. — Der Absatz der hiesigen Fabrikate erstreckt sich über ganz Deutschland, Belgien, Holland und England. Nach den skandinavischen Reichen, der Schweiz, Österreich und Italien ist er durch die Zollverhältnisse teils sehr erschwert, teils unmöglich gemacht.

15. Cigarrenfabrikation.

Im Jahre 1687 siedelte sich unter Führung eines Kaufmannes, namens Ducrot, eine aus 20 Familien bestehende Kolonie französischer Calvinisten in dem etwa 1 Stunde von Leipzig entfernten Orte Stötteritz an und blieb dort bis 1694. Diese Einwanderer führten dort als die Ersten den Tabaksbau in Sachsen ein, der sich allmählich ausbreitete, eine sehr wechselnde Bedeutung erlangte, heute aber fast ganz verschwunden ist und dem lohnenderen Anbau von Gemüsen hat weichen müssen. Im ganzen Königreich Sachsen wird gegenwärtig kaum noch 1 Hektar Landes mit Tabak bebaut. So geringwertig aber auch der sächsische, zunächst also unmittelbar vor den Thoren Leipzigs gebaute Tabak gewesen sein mag, von seiner ersten Anpflanzung an datiert sich doch ein lebhafter Handel Leipzigs in deutschen und überseeischen Rohtabaken, sowie die Einführung einer zeitweise in hoher Blüte stehenden Industrie, sodaß im Jahresbericht der hiesigen Handels- und Gewerbekammer für 1863 mit Recht gesagt werden konnte, „Leipzig habe schon seit einem Jahrhundert oder noch länger in der Tabakfabrikation Reichtümer erworben." — Im Zusammenhang mit jener ersten Anpflanzung von Tabak in Stötteritz steht der Umstand, daß noch heute dort eine große Anzahl von Tabaks- und Cigarrenarbeitern wohnen und daß gerade dort die Hausindustrie in unserem Bezirke am stärksten vertreten ist. (Nach der 1882er Zählung mit 112 Betrieben und 116 Personen.)

Der hierzulande gezogene Rohtabak ist auch dann nur zu Rauchtabak verarbeitet worden, nachdem die Cigarrenfabrikation in unserem Bezirke eingeführt worden war, was Ende der zwanziger Jahre geschehen sein soll. Eine noch heute hier bestehende Firma ließ dann gegen Ausgang der vierziger Jahre zuerst die Cigarren hausindustriell herstellen. — Die Geschichte der Cigarrenfabrikation in unserem Bezirke ist eine außerordentlich wechselnde, da sie, abgesehen von dem verschiedenen Ausfall der überseeischen Tabaksernten, von politischen Ereignissen, wie die Secessionskriege und Revolutionen in Nord- und Südamerika, sowie von den Steuer-, Zoll- und Monopolplänen der Regierungen wesentlich beeinflußt wurde. Es kann hier nicht Aufgabe sein, dieser Geschichte in ihren Einzelheiten zu folgen und beschränke ich mich darauf, einige besondere Momente hervorzuheben.

Bereits im Jahre 1863 hatte sich die Cigarrenfabrikation fast in jedem Orte des Bezirkes der damaligen Handels- und Gewerbekammer zu Leipzig derart eingebürgert, daß nach dem Berichte der letzteren für das betr. Jahr (S. 157) die Arbeitslöhne der Cigarrenarbeiter für die meisten anderen Branchen maßgebend geworden waren. Ein Cigarrenroller erhielt damals Thlr. $1^5/_6$ für 1000 Stück und konnte ein geschickter Roller mit Hülfe eines Wickelmachers und Ausrippers wöchentlich 4000 Stück anfertigen, ein weniger geschickter 2—3000 Stück. Da der Roller dem Wickelmacher und Ausripper wöchentlich Thlr. 2 Lohn zu zahlen hatte, so blieben ihm selbst also Thlr. $3^1/_2$—$5^1/_3$ für die Woche.

Es bestanden damals im Bezirke 35 Cigarrenfabriken, die aber z. T. auch außerhalb desselben arbeiten ließen. Abgesehen von diesen auswärtigen Arbeitern waren zu jener Zeit in den Fabriken selbst 2175 Personen (darunter allein 1083 Roller) thätig. Zwölf dieser Geschäfte ließen auch hausindustriell arbeiten und wird die Zahl der hausindustriellen Wickelmacher und Ausripper auf mindestens 350 angegeben. Die Gesamtproduktion hatte einen Wert von Thlr. 1 736 000.

Bereits im folgenden Jahre aber (1864) waren im hiesigen Bezirke die Arbeitslöhne derart gestiegen, daß viele, namentlich die geringeren Sorten von Cigarren in den Fabriken gar nicht mehr hergestellt werden konnten, sondern der Hausindustrie zufielen, welche, wie der Jahresbericht der damaligen Kammer (S. 184) sagt, ein Krebsschaden der Industrie sei, da sie keine wirklich guten Arbeiter habe und nur mittelmäßige Cigarren liefere. — Das anhaltende Steigen der Löhne im allgemeinen während der folgenden Jahre führte immer mehr zur Anfertigung besserer Cigarren, aber auch zu einem Anwachsen der Hausindustrie. In demselben Maße, wie mit der fortschreitenden Entwickelung zahlreicher anderer Industriezweige die männlichen Arbeiter wegen der dort gebotenen höheren Löhne sich diesen zuwandten, nahm die Beschäftigung von Frauen in der Cigarrenfabrikation und zwar gerade in der Hausindustrie zu. Dazu kam, daß Arbeiterinnen, welche vorher als Wickelmacherinnen in der Fabrik gearbeitet hatten, nach ihrer Verheiratung diese Thätigkeit neben der Besorgung des Haushaltes fortsetzten, ja selbst die Männer dazu anlernten, die dann in ihrer freien Zeit (z. B. die Bauhandwerker im Winter) ebenfalls mitarbeiteten und so erlangte die Hausindustrie in unserem Bezirke eine immer größere Bedeutung.

Im Jahre 1869 brach unter den Cigarrenarbeitern ein später noch ausführlich zu besprechender Strike aus, an welchem etwa 600 Personen beteiligt waren, der aber ohne jeden Nutzen für dieselben verlief. Im Gegenteil beginnt nun zugleich unter dem Eindruck einer starken Preissteigerung des Rohtabaks eine Periode des Niedergangs für unsere Industrie, die zu vielfachen Betriebseinschränkungen führte. Wenn auch zunächst der siegreiche Gang des deutsch-französischen Krieges wieder einen flotten Absatz schuf, wenn auch nach demselben — im Jahre 1872 — die Lohnsteigerung für die Cigarrenarbeiter 25—30 % gegen das Jahr 1869 betrug, so war es damals doch für die Männer nicht schwer, in anderen Gewerben noch bessere Löhne zu verdienen und wir begegnen daher nunmehr einer abermaligen Zunahme der weiblichen Arbeiter. Auch in den Fabriken vollzieht sich eine größere Veränderung in der Produktionsweise (abgesehen von der Einführung der sog. Formarbeit) insofern, als jetzt der Gebrauch aufkommt, die Wickel durch vom Unternehmer selbst bezahlte Leute herstellen zu lassen und dem Roller nur fertige Wickel zu geben, während er früher den Rohtabak empfing und die Wickel durch von ihm selbst bezahlte (wenn auch in der Fabrik arbeitende), meist weibliche Personen anfertigen ließ. Mit dem neuen Verfahren waren zwar etwas höhere Betriebskosten verbunden, sie wurden aber durch die nunmehrige Verhütung früher öfter vorgekommener Unterschlagungen reichlich aufgewogen und überdies ward damit einem Abhängigkeitsverhältnisse der Wickelmacherinnen von den Rollern ein Ende gemacht, welches mitunter zu den bedenklichsten Konsequenzen geführt hatte.

Die folgenden Jahre standen unter dem Eindruck der verschiedenen Tabaksteuer- und Monopolvorlagen der Reichsregierung, die neben einer zeitweiligen wilden Spekulation zu einer schweren Darniederlage der Cigarrenfabrikation umsomehr führten, als damals auch in den übrigen Industriezweigen die Geschäfte stockten, die allgemeine Schwächung der Kaufkraft Einschränkungen jeder Art veranlaßte und überdies mehrfach schlechte Ernten im überseeischen Tabak zu verzeichnen waren. Da nun die Detailhändler nur Cigarren nach bestimmten Preislagen zu 3, 5, 6, 8 ₰ u. s. w. verkaufen können, welche Preislagen unter allen Umständen beibehalten werden müssen, so trat naturgemäß eine zunehmende Verschlechterung der Qualität ein, wodurch mancher wieder veranlaßt wurde, sich dem Rauchtabak zuzuwenden. Alle diese Umstände machten der früheren Überproduktion ein jähes Ende; Betriebseinschränkungen und Arbeiterentlassungen waren an der Tagesordnung und in den Jahren 1874/75 hatten die Löhne einen derartig niedrigen Stand erreicht, daß sie den hier bestehenden Kosten für den Lebensunterhalt gegenüber nicht mehr als auskömmlich bezeichnet werden konnten. (Bericht der Handelskammer für 1874/75 S. 93.) Trotzdem gingen die Löhne bis 1877 noch weiter zurück und wandten sich zahlreiche Arbeiter nunmehr anderen Gewerben zu oder wanderten nach Amerika aus, zumal die spätere Monopolvorlage der Tabaksindustrie im hiesigen Bezirke eine schwere Schädigung in Aussicht zu stellen schien. Gerade auch für die Hausindustrie befürchtete man die schlimmsten Folgen und will ich daher einige Sätze aus dem Berichte der Leipziger Handelskammer für 1880 (S. 30) hier anführen, welche die damalige Bedeutung der Hausindustrie in diesem Gewerbe klarstellen. Es heißt a. a. O.:

„Die sächsische Tabaksindustrie beschäftigt, abgesehen von dem sehr geringen Tabaksbau, im Verhältnis zur Einwohnerzahl des Landes fast doppelt soviel Hände, wie durchschnittlich in den anderen deutschen Staaten. — — — Sie hat sich namentlich in den kleinen Städten und Dörfern mehr und mehr ausgebreitet, wird vielfach durch Hausindustrielle betrieben, die sich so eine leidlich sichere Existenz geschaffen, oft auch ein kleines Anwesen erworben haben. Gegenüber der in der Natur der meisten anderen Industriezweige begründeten Neigung zum Übergang vom Klein- zum Großbetrieb mit einer verhältnismäßig kleinen Zahl selbständiger Unternehmer, gegenüber dem damit Hand in Hand gehenden Zusammenströmen nach wenigen Mittelpunkten bildet diese Art der Entwickelung in der Cigarrenfabrikation eine wirtschaftlich und social bemerkenswerte Ausnahme, ein erfreuliches Gegengewicht.“ —

Erst nach Beseitigung der Monopolvorlage beginnt mit dem Jahre 1881 wieder eine Besserung des Geschäftes, zugleich vollzieht sich aber auch insofern eine Veränderung, als inzwischen die süddeutsche und westfälische

Konkurrenz in der Herstellung der geringeren Sorten von Cigarren übermächtig geworden war, sodaß man sich hier mehr der Anfertigung von mittleren und besseren Sorten zuwandte. Auch die Handarbeit trat wieder mehr in den Vordergrund und bald zeigte sich, daß infolge der langjährigen ungünstigen Konjunktur mit ihren Betriebseinschränkungen und Lohnherabsetzungen, ein empfindlicher Mangel an guten Cigarrenarbeitern entstanden war, der dann auch allmählich zu einer Aufbesserung der Löhne führte. Manche kleinen Betriebe waren freilich nicht mehr im stande, die höheren Löhne neben den Auslagen für die bedeutend gestiegenen Steuern zu tragen; sie gingen ein und das Geschäft konzentrierte sich mehr und mehr in den Händen größerer Fabrikanten. Noch im Jahre 1887 aber wird über Mangel an Arbeitern für die besseren Sorten geklagt und da sich hier seit Jahren keine neuen Lehrlinge mehr zum Anlernen gemeldet hatten, gründeten die Großfabrikanten in entfernter von Leipzig liegenden kleinen Orten Zweigfabriken, um dort allmählich wieder Arbeitskräfte im Wickelmachen und Rollen anlernen zu lassen.

Von allen diesen Verhältnissen wurde selbstverständlich die Hausindustrie wesentlich mit berührt und gerade die Arbeiterentlassungen in den Fabriken während der schlechten Jahre führten ihr neue Kräfte zu, ebenso wie die im Jahre 1888 vom Bundesrate erlassenen, weitgehenden Vorschriften über die Einrichtung und den Betrieb der zur Anfertigung von Cigarren bestimmten Anlagen — es wurden u. a. 7 cbm Luftraum für jeden Arbeiter verlangt — nicht wenige Fabrikanten bestimmten, einen großen Teil ihrer Produktion hausindustriell herstellen zu lassen. — Bevor ich nun nach dieser Darlegung der geschichtlichen Verhältnisse der hiesigen Cigarrenfabrikation zur Schilderung der gegenwärtigen Lage der Hausindustrie in derselben übergehe, möchte ich noch kurz den Strike der Cigarrenarbeiter im Jahre 1869 besprechen und zwar auf Grund der Akten der hiesigen Handelskammer. An diesem Strike waren etwa 580 Mann beteiligt, d. h. fast die Hälfte der im Bezirke thätigen Arbeiter; außerdem wurden durch denselben noch etwa 300 Wickelmacher mittelbar brotlos. Es dürfte keinem Zweifel unterliegen, daß die Arbeitseinstellung auf die Agitation des Allgemeinen deutschen Cigarrenarbeiter-Vereins zu Berlin, resp. seines Leiters, des bekannten Socialisten Fritzsche, zurückzuführen war, der es auch verstand, die völlige Aufhebung der Hausindustrie in den Vordergrund der Forderungen zu stellen. Diese Forderung der Socialdemokratie ist bekannt; sie führt für dieselbe officiell allerdings Gründe meist gesundheitlicher Natur an, sowie die dem Fabrikarbeiter durch die billige Arbeit der Hausindustriellen gemachte Konkurrenz; der wahre Grund für diese Stellung der Socialdemokratie aber liegt wohl darin, daß ihre Führer die zerstreut wohnenden und selten ihre Wohnung verlassenden, noch seltner das Wirtshaus besuchenden Hausindustriellen nicht in der Weise bearbeiten können und in der Hand haben, wie die Fabrikarbeiter. Es ist denn auch bezeichnend, daß zwei der damals von der Handelskammer vernommenen Cigarrenfabrikanten, welche früher selbst Arbeiter gewesen waren, und deren Einer sich ausdrücklich als Anhänger der Socialdemokratie bezeichnete, diesen wahren Grund der Agitation gegen die Hausindustrie insofern einräumten, als der Eine das Verlangen nach Aufhebung der letzteren damit motivierte, „daß sich die Hausarbeiter nicht in die Organisation fügen wollten," während der Andere denselben vorwarf, „daß sie nicht unter sich zusammenhalten und nicht zusammen kommen, um ihre Lage zu besprechen." Beide Herren sprachen sich natürlich auch dagegen aus, daß die Hausindustrie, welche Frauen und Kinder mitbeschäftige, dadurch den Lohn des Fabrikarbeiters herabdrücke und es wurden die beweglichsten Schilderungen über die Lage der Hausarbeiter gemacht. „Man kann," heißt es in dem betr. Protokoll, „oft haarsträubende Scenen sehen. Die Frau hat den Säugling an der Brust und gleichzeitig den zu verarbeitenden Tabak auf den Knieen liegen. Keine Mittagspause, Arbeit bis in die Nacht, von Sonntag wenig die Rede. Dazu tritt die Versuchung „gut zu machen", d. h. einmal 500 oder 1000 Cigarren für eigene Rechnung zu verkaufen, was sehr eingerissen ist und in Fabriken nicht vorkommt." — Eigentümlich ist dieser Schilderung gegenüber nur der Umstand, daß der betr. Herr auf Befragen zugab, selbst n u r Hausindustrielle, aber gar keine Fabrikarbeiter zu beschäftigen und zwar Erstere zu denselben Lohnsätzen wie die übrigen Fabrikanten, da er sonst nicht bestehen könne.

Für das Verlangen nach Aufhebung der Hausindustrie ist noch folgender Vorfall charakteristisch. Begreiflicherweise übertragen die Unternehmer in der Regel nur den geschickteren und leistungsfähigeren Cigarrenmachern Hausarbeit, da diesen gegenüber eine Aufsicht und Kontrolle nicht sonderlich erforderlich ist. Bei einer hiesigen Firma war nun bereits seit einer Reihe von Jahren ein Cigarrenmacher als Fabrikarbeiter beschäftigt, der seiner Kränklichkeit wegen nicht besonders leistungsfähig war und gegen einen durchschnittlichen Verdienst von ℳ 10. 50 wöchentlich eigentlich nur so mit durchgeschleppt wurde. Wiederholt ersuchte nun dieser Mann seinen Principal um Hausarbeit, die ihm aber stets mit dem Hinweis darauf abgeschlagen wurde, daß er in derselben bei seiner Kränklichkeit bei weitem nicht den Verdienst erreichen könne, welchen man ihm in der Fabrik gewähre. Vergeblich; der Mann trat mit seinem Anliegen immer und immer wieder hervor, sodaß man ihm endlich willfahrte und ihn als Hausindustriellen beschäftigte. Vierzehn Tage später brach der Strike aus und nun erscheint als Mitglied einer Deputation derselbe Mann bei seinem Arbeitgeber und fordert gänzliche Beseitigung der Hausarbeit! —

Außer dieser verlangte man Aufhebung der Frauenarbeit in den Fabriken, Aufhebung der Prämien für gewissenhafte Materialien-Verwendung, Lohnerhöhung, nur einmal wöchentliche Ablieferung der fertigen Cigarren statt der bisherigen zweimaligen, und solle jeder Hausarbeiter bei der Ablieferung sofort wieder soviel Rohtabak resp. Wickel erhalten, daß er eine ganze Woche hindurch ununterbrochen mit deren Aufarbeitung beschäftigt sein könne. — Es wurde damals konstatiert, daß die Forderung einer Lohnerhöhung um deswillen nicht gerechtfertigt war, weil der hiesige Platz bereits früher mit einer namhaften Lohnerhöhung freiwillig vorgegangen war und daß ferner gerade die Fabrikarbeiter mehr verdienen würden, wenn sie nicht so oft „blau machten!" Nicht wenige Cigarrenarbeiter erschienen damals fast regelmäßig erst Dienstag Nachmittags in der Fabrik. — Der Augenblick für den Strike war sehr schlecht gewählt, da ihm einige recht flaue Geschäftsjahre vorausgegangen und bei allen Fabrikanten große Vorräte von Cigarren vorhanden waren. Die Unternehmer verhielten sich daher den Forderungen der Arbeiter gegenüber durchaus ablehnend und dürfte der einzige Schaden — der allerdings mitunter nicht unbedeutend war — welchen die ersteren erlitten, darin bestanden haben, daß die Hausarbeiter statt den bereits erhaltenen Tabak wenigstens fertig aufzuarbeiten, diesen angefeuchtet und verdorben wieder ablieferten. Allmählich hörte freilich die von auswärts fließende Unterstützung der Ausständigen auf, es traten Spaltungen unter den Letzteren ein und nach sechszehnwöchentlicher Dauer war der Strike zu Ende, sein Ergebnis aber folgendes: Mindestens 120 eigentliche Cigarrenmacher hatten die hiesige Gegend ganz verlassen, waren zum Teil nach Amerika ausgewandert: wohl nicht weniger Arbeiter hatten sich einem andern Berufe zugewendet und da die Geschäftsflaue immer noch anhielt, es den Fabrikanten also an einem guten Absatz fehlte, so sanken die Arbeitslöhne noch 10 % unter den Stand vor Ausbruch des Strikes! — Jahrelang hat namentlich die Hausindustrie unter den Folgen des letzteren gelitten, zumal nun diejenige Periode folgte, während welcher die ganze Tabaksindustrie Deutschlands durch die Steuer- und Monopolpläne der Reichsregierung beunruhigt wurde und wenn man heute die Zunahme der Frauenarbeit in der Cigarrenfabrikation, den Mangel an Nachwuchs bei den männlichen Arbeitern, die mehr und mehr sich vollziehende Verlegung der Fabriken selbst nach von Leipzig entfernteren Gegenden beklagt, so ist die Ursache für diese Zustände mit in dem ungerechtfertigten Arbeiterausstand des Jahres 1869 zu suchen.

Nach der Berufszählung von 1882 sollten in unserem Bezirke 440 hausindustrielle Betriebe mit 460 Personen vorhanden sein und von 34 Hauptbetrieben aus 990 Personen beschäftigt werden. Die Angaben selbst hervorragender hiesiger Fabrikanten über die gegenwärtige Zahl der Hausindustriellen unseres Bezirkes weichen wesentlich von einander ab; wenn dieselbe auf 150, 300, 400, 500 und 1000—1200 beziffert wird, so sind die erstgenannten Zahlen entschieden viel zu niedrig und die letztgenannten wohl zu hoch gegriffen. — Ein Teil der Unternehmer beschäftigt nur Hausindustrielle, andere neben den letzteren Fabrikarbeiter in sehr verschiedener Zahl; während bei einer der ältesten der hiesigen Firmen $66^2/_3$ % ihrer sämtlichen Arbeiter in der Fabrik beschäftigt sind, entfallen bei einer anderen bei einem Gesamtpersonal von 75 Köpfen 60 auf die Hausindustrie; wieder andere beschäftigen zu $^1/_4$ Fabrik-, zu $^3/_4$ Hausarbeiter und überwiegt jedenfalls im ganzen die Zahl der letzteren diejenige der ersteren.

Bei den meisten Hausindustriellen arbeiten die Frau, bei manchen auch die Kinder — selbst die noch schulpflichtigen, mit und soll hier gleich bemerkt werden, daß es überdies nicht wenige Frauen gibt, die selbständig arbeiten. Es sind dies entweder Witwen, welche auf diese Weise den Unterhalt für sich und ihre Kinder erwerben, oder es sind verheiratete Frauen, deren Ehemänner einem anderen Berufe angehören, welche aber die als Mädchen in der Fabrik erlernte Arbeit nun auch nach ihrer Verheiratung neben der Besorgung der Wirtschaft fortsetzen. Man kann wohl annehmen, daß die Hälfte der Hausarbeiter weiblichen Geschlechts ist. — Der Umfang nun, in welchem die Ehefrau des Cigarrenmachers die Arbeit des letzteren teilt, ist ein sehr verschiedener; abgesehen davon, daß hier vor allem die Größe des Haushalts und die Zahl der Kinder von entscheidendem Einflusse ist, handelt es sich auch darum, ob die Frau als Wickelmacherin arbeitet oder, ob, weil sie dies nicht versteht, hierzu ein fremder Wickelmacher angenommen worden ist und die Frau dann nur das Entrippen der Einlage und das Aufsetzen des Umblattes und Deckers besorgt. Im letzteren Falle soll die Mitarbeit der Frau höchstens 13—20 Stunden wöchentlich in Anspruch nehmen; in den meisten Fällen jedoch arbeitet sie als Wickelmacherin und zwar etwa 4—5 Stunden, mitunter allerdings auch 8 Stunden täglich. Kinder unter 14 Jahren — und zwar wohl stets nur die eigenen Kinder des Hausarbeiters — werden in den schulfreien Stunden vielfach zum Entrippen der Einlage und Aufsetzen des Umblattes verwandt und dürfte deren Thätigkeit, wenn der Vater mit einem Wickelmacher zusammenarbeitet, 17 Stunden, arbeitet er jedoch ohne einen solchen, in der Regel 11 Stunden in der Woche nicht überschreiten. Die meisten Kinder indessen arbeiten nur $^1/_2$—2 Stunden täglich und überdies beschäftigen durchaus nicht einmal alle Hausarbeiter neben der Ehefrau auch noch die Kinder. —

Die Verwendung fremder Gehülfen als Wickelmacher ist im ganzen nur selten anzutreffen gewesen und wird ein solcher im Stücklohn — ℳ 2—4 für 1000 Stück — bezahlt, so daß er bei regelmäßiger Arbeit vielleicht einen Wochenlohn von ℳ 7 höchstens ℳ 10 erreichen kann.

Wenn wir vorläufig von den weiter unten zu besprechenden, für sich allein arbeitenden Frauen absehen, so gestaltet sich wohl in den meisten Fällen die Hausarbeit derart, daß die schulpflichtigen Kinder das Entrippen der Blätter besorgen, die Frau oder die erwachsenen Kinder als Wickelmacher thätig sind, während das Familienhaupt als Cigarrenroller arbeitet, d. h. die Cigarren fertig stellt. Zu diesem Fertigstellen gehört auch das Herstellen der Spitze; es geschieht dies, indem man die frische Cigarre am obern Ende mit Fruchtgummi (früher mit Kleister) befeuchtet und die zusammengedrehte Spitze in eine durch eine Oelflamme erwärmte Metallform steckt und auf diese Weise schnell trocknet. Hierdurch erwachsen dem Roller auf 3 $^1/_2$ Tausend Cigarren etwa 28 ₰ Auslagen für Brennöl und Gummi.

Die vom Unternehmer gezahlten Löhne für die fertigen Cigarren (also einschließlich des Wickelmachens) sind je nach der Qualität des zu verarbeitenden Tabaks sehr verschieden, richten sich überdies auch danach, ob Formarbeit oder Handarbeit geliefert wird, ferner nach der verschiedenartigen Schwierigkeit der Façon und dem Grade der vom Unternehmer verlangten Accuratesse der Arbeit. So begegnet man denn Lohnsätzen von ℳ 6, 7, 8, 9, 10, 12, 14, 15 und 20 für 1000 Stück Cigarren und kann es bei solchen Verschiedenheiten nicht Wunder nehmen, wenn auch der Verdienst der Hausindustriellen ein sehr verschiedener ist. Ich lasse daher einige mir hierüber gemachten Angaben hier folgen:

Bei Formarbeit u. ℳ 9—10 Lohn pro 1000 St. „ Handarbeit u. ℳ 10—12 „ „ 1000 „	Wochenverdienst d. Mannes ℳ 15, bei Mithülfe der Familie ℳ 19—20

„ ℳ 6—14 Lohn für 1000 Stück: Wochenverdienst des Mannes ℳ 13, bei Mitarbeit der Familie ℳ 15—26, bei Mitarbeit eines Gehülfen ℳ 23—26

„ ℳ 7—20 Lohn für 1000 Stück: Wochenverdienst des Mannes ℳ 13, bei Mitarbeit der Familie ℳ 18—19, bei Mitarbeit eines Gehülfen ℳ 15—16 (?)

bei ℳ 8—15 Lohn für 1000 Stück: Wochenverdienst von Mann und Frau zusammen ℳ 19—21

" ℳ 6—10 Lohn für 1000 Stück: Wochenverdienst des Mannes allein ℳ 12.50, mit 15jähriger Tochter ℳ 16.50

" ℳ 9 Lohn für 1000 St.: Wochenverdienst des Mannes, welchem eine 20jährige Tochter und ein 17jähriger Sohn helfen, bei eigener angeblich 16stündiger (??) täglicher Arbeit ℳ 22—24; die beiden Kinder erhalten außer Wohnung, Kost und Kleidung wöchentlich je ℳ 1 „freies Geld".

Nach seiner eigenen Angabe fertigt der Mann stündlich 30—34 Stück und täglich 4—500 Stück an; dies würde immer erst einer täglichen Arbeitszeit von 13—15, nicht aber von 16 Stunden entsprechen.

Bei ℳ 6—8 Lohn für 1000 Stück: Wochenverdienst eines Mannes und seines 17jährigen Sohnes bei 10—12stündiger täglicher Arbeitszeit ℳ 15

" ℳ 13 Lohn für 1000 Stück: Wochenverdienst des täglich 12—14 Stunden arbeitenden Mannes und seiner Frau (täglich 7 Stunden, Kinder nicht beschäftigt) ℳ 20—21

" ℳ 10—12 Lohn für 1000 Stück: Wochenverdienst des täglich 14 Stunden arbeitenden Mannes ℳ 14—15, Wochenverdienst bei Mithülfe eines Kindes ℳ 17

" ℳ 6—20 Lohn für 1000 Stück und täglicher 10stündiger Arbeitszeit: Wochenverdienst des Mannes ℳ 10—18, bei Mitarbeit der Familie ℳ 20—30, bei Mitarbeit eines Gehülfen ℳ 20—30.

Aus Vorstehendem erhellt, daß die Lage der Hausarbeiter eine sehr verschiedene ist und daß *sie doch wohl durchgängig 12 Stunden täglich, in vielen Fällen noch länger arbeiten müssen*, um einen leidlichen Verdienst zu erzielen. Denn daß bei einem Macherlohn von ℳ 20 für 1000 Stück und bei nur 10stündiger täglicher Arbeitszeit ℳ 18 in der Woche verdient werden, dürfte, wie schon aus der, einem Macherlohn von ℳ 20 entsprechenden hohen Preislage der Cigarren hervorgeht, nicht gerade sehr häufig vorkommen, während andererseits gar manche Cigarrenmacher noch den Sonntag Vormittag zur Erreichung der oben angegebenen Beträge zu Hülfe nehmen müssen. Ich glaube aber, daß man den *Wochenverdienst* des Mannes allein recht wohl auf wenigstens ℳ 13 veranschlagen kann und wenn mitunter weniger verdient wird, so dürfte das mit darauf zurückzuführen sein, daß manche Hausarbeiter noch ein anderes Gewerbe als Kellner, Musiker und Tanzlehrer betreiben, dessen Anstrengungen nicht ohne Folgen für den Hauptberuf bleiben. — Im allgemeinen ist die Cigarrenfabrikation der einzige Beruf und namentlich von einer landwirtschaftlichen Nebenbeschäftigung ist in der unmittelbaren Umgebung Leipzigs wenig zu bemerken, während in den entfernteren (nicht zu unserem Bezirke gehörigen) Orten die hausindustriellen Cigarrenarbeiter meist auch etwas Landwirtschaft treiben sollen, sei es auf eigenem kleinen Besitz, sei es, daß ihnen ein größerer Gutsbesitzer etwas Land zur Bestellung kostenlos, aber unter der Bedingung überläßt, daß der letztere zur Zeit der Ernte, überhaupt bei Mangel an Arbeitern über die Arbeitskraft des Cigarrenmachers gegen einen entsprechenden Lohn verfügen darf.

Was nun die Verhältnisse der für sich allein arbeitenden Frauen und Witwen angeht, so sind diese natürlich wesentlich davon abhängig, inwieweit ihnen die Besorgung des Haushalts noch Zeit zur Arbeit als Cigarrenmacherinnen läßt. Von Einfluß ist ferner der Umstand, ob die Frau die Wickel von der Fabrik geliefert erhält, so daß sie die Cigarre nur einrollt, oder ob sie die Wickel durch die erwachsenen resp. älteren Kinder anfertigen läßt, oder endlich, ob sie auch die Wickel selbst und ohne weitere Hülfe macht. Jedenfalls dürfte der Wochenverdienst der Frauen bei Alleinarbeit im allgemeinen nicht unter ℳ 6.50 heruntergehen und ℳ 10 selten überschreiten. Eine hiesige Firma, welche in der Hausindustrie nur Arbeiterinnen beschäftigt und diesen die fertigen Wickel liefert, sie also nur das Einrollen der Cigarren besorgen läßt, gibt allerdings an, daß der Wochenverdienst ihrer Hausarbeiterinnen je nach deren freien Zeit, Fleiß und Geschicklichkeit zwischen ℳ 4 und ℳ 15.50 schwanke, doch dürfte der letztere Satz gewiß nur selten erreicht werden, da für das Einrollen doch nur ℳ 4—6 für das Tausend gezahlt wird und schon eine nicht geringe Geschicklichkeit und Ausdauer dazu gehört, um bei 12stündiger Arbeitszeit etwa 350 Stück täglich einzurollen. Immerhin ist es begreiflich, daß in unserem Bezirke die Hausarbeiter gewiß zur Hälfte aus Frauen bestehen, da die Arbeit weit weniger Kraft als Geschicklichkeit, gewandte Finger und Aufmerksamkeit erfordert.

Die Lohnsätze sind in den letzten 5 Jahren für die Hausarbeiter — männliche, wie weibliche — im Ganzen unverändert geblieben und hat sich die Lage der Letzteren schon um deswillen nicht verschlechtert, weil man sich hier immer mehr der Anfertigung der besseren Cigarrensorten, für welche auch höhere Löhne gezahlt werden, zuwendet.

Der Hausarbeiter erhält vom Unternehmer ein bestimmtes Quantum Rohtabak zugewogen und muß dagegen eine genau bestimmte Anzahl verkaufsfertiger Cigarren von bestimmter Form und Größe abliefern und zwar bei den meisten Geschäften nebst den sich ergebenden Rippen und Abfällen, während andere Firmen dem Hausarbeiter die Rippen überlassen, der sie dann zur Verarbeitung zu Rauch- und Schnupftabak verkauft und etwa 11 ₰ für das Pfund erlöst. — Die lediglich als Roller arbeitenden Hausindustriellen erhalten natürlich keinen Rohtabak, sondern die bereits fertiggestellten Wickel nebst dem nötigen Deckmaterial von der Fabrik geliefert. Die Kopfhülsen und Holzformen sind Eigentum der Letzteren, während die Presse (Wert: ℳ 8) und die Düllmaschine (Wert: ℳ 1) manchmal dem Hausarbeiter gehören. — Der Geschäftsverkehr zwischen den letzteren und den Unternehmern, welche teils Fabrikanten, teils lediglich Händler sind, ist ein direkter.

Die Ablieferung der fertigen Cigarren erfolgt in der Regel einmal wöchentlich, mitunter jedoch auch erst nach 10—14 Tagen und erhält der Arbeiter dann stets sofort bare Zahlung. In den größeren Fabriken findet außerdem noch alle 3 oder 6 Monate eine Tabakverbrauchs-Ausrechnung für jeden einzelnen Hausarbeiter statt. Ergibt dieselbe ein Manko gegenüber der vorschriftsmäßig zu liefernden Cigarrenzahl, so werden wohl mitunter Lohnabzüge gemacht; doch kommt das äußerst selten vor, während in denjenigen Geschäften, welche das Prämiensystem eingeführt haben, sogar in 90 % aller Abschlüsse eine Prämie für das richtige Auskommen mit dem Tabak gezahlt wird. Einige Geschäfte zahlen diese Prämie dem Hausarbeiter in einer Summe zweimal jährlich und zwar unmittelbar vor Pfingsten und Weihnachten.

Die Beschäftigung ist während des ganzen Jahres hindurch eine gleichmäßige; die tägliche Arbeitszeit der Hausindustriellen dagegen eine sehr ungleichmäßige, wie bereits bei Besprechung der Wochenverdienste hervorgehoben wurde. Auch bezüglich gleichzeitiger Benutzung eines Raumes zu Arbeits- und Wohnzwecken ist die Sachlage eine durchaus verschiedene. Einige größere Fabriken geben nur solchen Hausindustriellen, namentlich in feineren Sorten, Beschäftigung, welche gesonderte Arbeitsräume haben; ein Teil der Hausindustriellen benutzt wenigstens während der wärmeren Jahreszeit den Arbeitsraum nicht als Wohnung und nur die Rücksicht auf die Ersparung an Heizmaterial läßt ihn im Winter hiervon abweichen, während wieder andere allerdings das ganze Jahr hindurch in denselben Räumen wohnen, schlafen, essen und arbeiten. Auf die hygienische Seite dieses Umstandes werde ich weiter unten zurückkommen.

Wie bereits gesagt, werden in den hiesigen Fabriken außer den Wickeln allein, auch fertige Cigarren hergestellt, ohne daß diese Methode vor der

Hausarbeit einen technischen Vorzug hätte, oder umgekehrt; derjenige Fabrikant, welcher selbst Wert auf gleichmäßig und schön gearbeitete Ware legt, wird nur tüchtigen und vertrauenswürdigen Hausarbeitern Beschäftigung geben, deren Leistungsfähigkeit und thatsächlichen Leistungen eine besondere oder gar anhaltende Kontrolle überflüssig machen. Abgesehen von diesem lediglich technischen Gesichtspunkte wird die ganz andere Frage, ob überhaupt die Hausarbeit in der Cigarrenfabrikation zulässig sei, ebenfalls noch besonders zu besprechen sein. —

Die Unternehmer lassen durch die Hausarbeiter die verschiedensten Sorten Rohtabak zu Cigarren bis zum Preise von ℳ 150 für 1000 Stück verarbeiten. Die Preise sind in den letzten Jahren infolge starker Konkurrenz aus anderen Gegenden gedrückt gewesen und wird allgemein darüber geklagt, daß das Geschäft einen recht geringen Verdienst abwerfe. Der Absatz des hiesigen Fabrikates erstreckt sich über ganz Deutschland; früher wurde auch ein nicht unbeträchtliches Quantum ausgeführt, doch ist gegenwärtig der Export infolge der Zoll- und Steuerverhältnisse nur noch ein sehr geringfügiger. —

Der größte Teil der Hausarbeiter ist gegen Krankheit versichert, entweder bei Ortskrankenkassen, wo solche bestehen, oder bei der sog. Korporations-Krankenkasse der Cigarrenarbeiter in Leipzig, welche bereits seit einer langen Reihe von Jahren besteht und von jedem Mitgliede einen wöchentlichen Beitrag von 80 ₰ erhebt. Einige Unternehmer haben ihre Hausarbeiter freiwillig bei der Tabaksberufsgenossenschaft gegen Unfall versichert, jedoch nur für die Wege von und zu der Fabrik und während ihres Aufenthaltes in letzterer. —

Die Lebenshaltung der Hausarbeiter unterscheidet sich kaum von derjenigen der Fabrikarbeiter im allgemeinen; die in den weiter von Leipzig entfernt liegenden Orten Wohnenden können dort für weniger Geld wesentlich bessere Wohnung erhalten und führen jedenfalls diese ein geordnetes Dasein in auskömmlichen Verhältnissen. Bei den in Leipzig und seinen unmittelbaren, z. T. jetzt einverleibten Vororten Wohnenden dürfte, namentlich wenn eine zahlreiche Familie vorhanden ist, die Lage nicht überall eine gleich günstige sein und glaube ich daher, daß sich die Hausindustrie immer mehr nach der Peripherie unseres Bezirkes ziehen wird, ja es fehlt nicht an Stimmen, welche, falls nicht eine wesentliche Besserung der Verhältnisse eintritt, das Verschwinden eines großen Teiles der Hausindustrie aus der hiesigen Gegend in Aussicht stellen zu müssen glauben.

Nach den Angaben einiger kleineren Fabrikanten, sowie nach den Aussagen einiger Hausindustriellen soll die Gefängnisarbeit der freien

Arbeit eine sehr drückende Konkurrenz machen und wurde von dieser Seite die Beseitigung jenes Wettbewerbs als für die Besserung der Geschäftslage dringend notwendig erklärt. Kein einziger der gehörten größeren Unternehmer schloß sich diesen Klagen an, wobei ich ausdrücklich konstatiere, daß dieselben nicht etwa selbst Gefangene beschäftigen, vielmehr vollständig unbeteiligt dabei sind. Wenn ich aber erwäge, daß auch nach den Mitteilungen der Gegner in den Gefängnissen nur sehr geringe Arbeit gemacht wird, während man im allgemeinen hier, wie schon wiederholt bemerkt, seit Jahren sich mehr der Anfertigung der mittleren und besseren Cigarrensorten zugewandt hat, so kann ich den Wettbewerb der Gefängnisarbeit um so weniger für bedenklich halten, als zum Erlernen des Berufes mindestens ein halbes Jahr erforderlich und diejenigen die besten Cigarrenmacher sein sollen, welche zunächst 3—4 Jahre als Wickelmacher gearbeitet haben und dann erst zum Einrollen übergehen. — Auf Veranlassung des bleibenden Ausschusses des deutschen Handelstages beschäftigte sich die hiesige Handelskammer im Jahre 1877 mit dem Einfluß, welchen die Gefängnisarbeit auf die gewerbliche und industrielle Privatarbeit im hiesigen Bezirke habe. Die Kammer konstatierte damals zunächst, daß in dem letzteren Anstalten, welche die Arbeitskraft der Gefangenen vermieteten, überhaupt nicht existierten und daß auch seitens der Gefangenenarbeit von außerhalb des Bezirkes belegenen Anstalten ein erheblicher Einfluß auf die hiesige freie Arbeit nicht bemerkbar sei. (Vergl. hierüber auch die ausführliche Auslassung im Berichte der Handelskammer für 1869/70 S. 21.) Gerade bezüglich der Cigarrenfabrikation wurde übrigens 1877 hervorgehoben, daß die Gefängnisarbeit für den Unternehmer wegen der ungleichmäßigen Leistung und Ausführung, sowie wegen der sehr geringen Sparsamkeit bei Verwendung des Materials keineswegs so vorteilhaft sei, wie häufig angenommen werde, sowie ferner, daß die Gesamtproduktion der sächsischen Strafanstalten im Jahre 1869 in Höhe von 30000 Mille nicht größer gewesen sei, als die Produktion von 2 bis 3 größeren Fabriken.

Dies letztere Verhältnis dürfte sich inzwischen wohl zu Ungunsten der freien Arbeit verändert haben; trotzdem aber halte ich auch heute noch den Einfluß der Gefängnisarbeit auf die letztere im hiesigen Bezirke nicht für einen belangreichen. Auch die Klage, daß die aus dem Gefängnis entlassenen Arbeiter das dort erlernte Gewerbe in der Freiheit fortsetzten und dadurch die älteren Hausarbeiter schädigten, halte ich für nicht zutreffend. Entweder haben diese ehemaligen Sträflinge etwas Tüchtiges gelernt, nun, dann erhalten sie zwar Arbeit, benachteiligen aber ihre Berufsgenossen nicht, da ja gerade an tüchtigen Cigarrenmachern ein so fühlbarer Mangel ist;

oder sie sind Stümper in ihrem Fache geblieben, dann finden sie aber auch bei keinem reellen Fabrikanten Arbeit, und gerade, daß die Sträflinge keine tüchtigen Cigarrenmacher geworden sind, trifft unbedingt weitaus in der Mehrzahl der Fälle zu. Sagte doch einer der vernommenen Hausarbeiter, welcher über die Konkurrenz der ehemaligen Sträflinge klagte, selbst wörtlich folgendes: „Gerade hier in Leipzig kommen sie nicht fort, kein Fabrikant kann sie beschäftigen; sie können eben für die bestehenden Preise nicht liefern, was verlangt wird.“

Auch möchte ich nicht unerwähnt lassen, daß der Verein zur Fürsorge für aus Straf- und Besserungs-Anstalten Entlassene der hiesigen Handelskammer am 27. November 1877 mitteilte, seit 1869 sei ihm nur ein einziger Fall bekannt geworden, daß ein in Waldheim (einer sächsischen Strafanstalt) mehrere Jahre lang interniert gewesener Handarbeiter die dort erlernte Cigarrenfabrikation auch nach der Entlassung fortgesetzt hätte. Die übrigen Sträflinge seien zu ihrem früheren Berufe zurückgekehrt, hauptsächlich weil ihre Haft zu kurz gewesen sei, um sich diejenige Routine in der zu Waldheim erlernten Arbeit zu erwerben, die zur erfolgreichen Fortsetzung derselben in der Freiheit nötig gewesen wäre. — Endlich sei noch folgendes erwähnt. Aus Anlaß der dem Reichstage zugegangenen Vorlage vom 9. Februar 1878 über ein Gesetz, betr. die Besteuerung des Tabaks, wurde bekanntlich eine Enquete über die Lage der Tabaksindustrie in Deutschland angeordnet. In dem Berichte der zu diesem Zwecke eingesetzten Königl. sächsischen Bezirkskommission (Drucksachen des Reichstags) wird S. 46 konstatiert, daß die Zahl der in sächsischen Gefängnissen beschäftigten Tabaks- und Cigarrenarbeiter nur 5,41 % der freien Arbeiter derselben Kategorie betrage und wird weiter S. 48 mit Recht darauf hingewiesen, daß der Unternehmer, welcher die Arbeitskraft von Gefangenen gemietet habe, gezwungen sei, die letzteren stets und voll, auch bei schlechter Konjunktur, zu beschäftigen. — Die Frage, ob ähnlich wie in der Zündholzfabrikation durch das Gesetz vom 13. Mai 1884 auch in der Cigarrenfabrikation die Hausindustrie gänzlich zu beseitigen sei, ist vielfach erörtert worden und hat u. a. auf Veranlassung des Reichsamtes des Innern zu einer seitens des sächs. Ministeriums des Innern an die beteiligten sächsischen Handelskammern hierüber gerichteten Umfrage vom 4. März 1886 geführt. Gegen ein solches Verbot und zwar im Interesse der Hausarbeiter selbst, sprachen sich die Kammern zu Leipzig, Dresden und Plauen aus und möchte ich auch hier meine Ansicht über diese Frage, soweit sie die Verhältnisse des hiesigen Bezirkes berührt, um so mehr darlegen, als durch eine solche Besprechung zugleich noch einmal ein übersichtliches Bild der Lage der hiesigen Hausarbeiter gewonnen werden kann. Ich schicke dabei voraus, daß es auch heute noch hier einige Fabrikanten gibt, welche, wenn auch unter bestimmten Voraussetzungen und Einschränkungen, eine Beseitigung der Hausindustrie in der Cigarrenfabrikation für erstrebenswerth halten, sowie daß sich auch einige Hausindustrielle selbst mir gegenüber dafür ausgesprochen haben, aber eigentümlicherweise gerade solche, welche aus der Fabrikarbeit hervorgegangen und trotz der ihnen hierzu gebotenen Möglichkeit nicht wieder zu derselben zurückgekehrt sind.

Die Gründe, welche man und zwar von verschiedenen Seiten gegen das Weiterbestehen der Hausindustrie in der Cigarrenfabrikation geltend macht, lassen sich wie folgt zusammenfassen: 1. durch die niedrigen Löhne, zu welchen die Hausindustrie arbeite, werde dem Fabrikarbeiter eine schwere Konkurrenz gemacht; jene niedrigen Löhne würden aber nur dadurch ermöglicht, daß 2. die Ehefrauen und Kinder der Hausindustriellen mit zur Arbeit herangezogen würden und 3. sei die Hausarbeit in der Cigarrenfabrikation für die Gesundheit der Beteiligten in hohem Grade nachteilig. —

Den erstangeführten Einwand erhebt, wie wir bereits oben sahen, die Socialdemokratie, und soviel mir bekannt, auch nur diese. Nun ist es ja richtig, daß die den Hausarbeitern gewährten Akkordsätze dieselben sind, wie diejenigen der Fabrikarbeiter und die Ersteren von ihrem Lohn auch den Aufwand für Lokal, Heizung und Beleuchtung bestreiten müssen; ihre Arbeit stellt sich daher für den Unternehmer allerdings billiger wie die Leistung der Fabrikarbeiter. Daraus folgt aber noch nicht, daß der Unternehmer die Hausarbeit bevorzuge; schon der Umstand, daß es an einem Nachwuchs guter Arbeiter im hiesigen Bezirke fast gänzlich fehlt, würde eine derartige Bevorzugung unmöglich machen und weit eher dürfte das Gegenteil der Fall sein, daß nämlich ein großer Teil der Cigarrenmacher aus weiter unten zu besprechenden Gründen sich lieber der Hausarbeit, wie der Fabrikarbeit widmet.

Auch das ist richtig, daß bei dem Hausindustriellen oft Frau und Kinder mitarbeiten; regelmäßig ist das durchaus nicht der Fall, am allerwenigsten bezüglich der Kinder und die oben (S. 111/112) von mir bereits mitgeteilte Stundenzahl, während welcher in der Regel Frau und Kinder beschäftigt sind, beweist, daß von einer Überanstrengung derselben nicht die Rede sein kann, soweit es sich wenigstens um solche Hausarbeiter handelt, welche für einen Unternehmer und nicht auf eigene Rechnung thätig sind. Auf die Verhältnisse bei den auf eigene Rechnung arbeitenden Hausindustriellen wird weiter unten noch zurückzukommen sein. Ebenso wenig aber wie man eine tägliche Arbeitszeit von selbst 4 bis

5 Stunden bei den Frauen und von selbst 2 Stunden bei den Kindern eine Überbürdung derselben nennen kann, ebenso wenig kann ich es für ein Unglück halten, daß die Ehefrauen überhaupt in diesem Umfange zur Arbeit mit herangezogen werden. Ich halte es im Gegenteil für ein Glück, daß sich in der hausindustriellen Cigarrenfabrikation eine Möglichkeit darbietet, durch gemeinsame Arbeit der Eheleute einen auskömmlichen Verdienst zu erzielen: kein Gewerbe eignet sich gerade bezüglich des Verdienstes der Arbeiter, so sehr zur Hausindustrie, wie die Cigarrenfabrikation, bei welcher Mann und Frau sich gegenseitig in die Hände arbeiten können und zwar ohne daß die Letztere genötigt wäre, darüber ihre wirtschaftlichen und erziehlichen Pflichten zu vernachlässigen. — Was die Kinderarbeit angeht, so würde hier allerdings eine Überanstrengung aufs schärfste zu verurteilen sein; ich habe aber von einer solchen, oder einem ihr sich auch nur annähernden Zustande bei den für einen Unternehmer arbeitenden Hausindustriellen nichts wahrnehmen können, während thatsächlich nicht wenige Hausarbeiter ihre Kinder überhaupt nicht mitbeschäftigen. Ob übrigens eine in mäßigen Grenzen gehaltene gewerbliche Thätigkeit mit ihrer Gewöhnung an Reinlichkeit, Ordnung und Fleiß nicht auch für manche Kinder besser wäre, wie das Herumtreiben auf der Straße, dürfte eine doch nicht so ganz und ohne weiteres von der Hand zu weisende Frage sein. —

Was endlich noch den Einwand betrifft, daß die Hausarbeit in der Cigarrenfabrikation der Gesundheit der Beteiligten schädlich sei, so erhält derselbe eine scheinbare Unterstützung durch die bereits erwähnten Vorschriften des Bundesrates, betr. die Einrichtung und den Betrieb der zur Anfertigung von Cigarren bestimmten Anlagen. Es kann ja nicht bestritten werden, daß der namentlich bei Herstellung der Wickel entstehende feine und scharfe Staub, sowie der Aufenthalt in Räumen, in welchen der Tabak getrocknet wird, durch die Ausdünstung des letzteren für die Gesundheit der Arbeiter nachteilig werden können und unzweifelhaft haben nach dieser Richtung hin früher in manchen Fabriken arge Mißstände geherrscht, die eine Beseitigung dringend erforderten. Dennoch aber darf andererseits auch nicht übersehen werden, daß, wenn man sich zur Begründung der scharfen Maßregeln des Bundesrates auf die große Sterblichkeit der Cigarrenarbeiter bezog, diese Sterblichkeit doch auch dadurch mit beeinflußt wird, daß sich der Cigarrenfabrikation vielfach schwächliche und kranke Leute widmen, deren Körper- und Gesundheitszustand die Übernahme anstrengender Arbeit verbietet, aber die leichte Thätigkeit des Wickel- und Cigarrenmachens sehr wohl gestattet. Daß aber die Sterblichkeit bei Arbeitern, unter welchen sich ein nicht unbeträchtlicher Prozentsatz schwacher und kränklicher Personen befindet, auch ohne schädigenden Einfluß der Beschäftigung eine höhere sein wird, als bei Arbeitern mit einer durchschnittlich intakten und kräftigen Körperkonstitution [1], leuchtet ohne weiteres ein.

Die Veröffentlichung der Handelskammer Osnabrück über die Sterblichkeit der in der Cigarrenfabrikation des dortigen Bezirkes beschäftigten Hausarbeiter (Schriften des Vereins für Socialpolitik, XLII, Die deutsche Hausindustrie, 4. Bd. S. 32) hebt ausdrücklich hervor, daß die Gesundheitsverhältnisse dieser Hausarbeiter normale seien und von einer ungünstigen Sterblichkeit nicht die Rede sein könne, weshalb ich die betr. Zahlen hier wiederholen möchte. Es standen nach denselben von 100 Männern

26	im Alter von	20—30	Jahren,
35	= = =	30—40	=
30	= = =	40—50	=
9	= = =	50—60	=

von 100 Frauen

37	im Alter von	20—30	Jahren,
46	= = =	30—40	=
13	= = =	40—50	=
4	= = =	50—60	=

Der Bericht des Großherzogl. Fabrikinspektors über die sociale Lage der Cigarrenarbeiter im Großherzogtum Baden enthält S. 44 folgende Angaben:

Von den Cigarrenarbeitern sind (ohne Rücksicht auf das Geschlecht)

12—16	Jahre alt,	22,95 % ,
16—20	= =	24,08 =
20—40	= =	44,62 =
40—60	= =	8,35 =

und 17 Personen sind über 60 Jahre alt. Daß der Prozentsatz der über 40 Jahre alten Leute weit geringer ist, wie derjenige der jüngeren Leute, erklärt der Verfasser (a. a. O. S. 46/47) aus dem kurzen Bestehen der Cigarrenfabrikation in den Landorten, sowie daraus, daß um das 40. Lebens-

[1] Als Beleg für die häufige Beschäftigung gebrechlicher Personen will ich nur anführen, daß unter 10 erwachsenen Arbeitern einer kürzlich seitens einer Leipziger Firma auf dem Lande errichteten Filiale sich allein nicht weniger wie 3 Bucklige befinden und in der Beilage zum Jahresbericht des Großherzogl. badischen Fabrikinspektors für das Jahr 1889: „Die sociale Lage der Cigarrenarbeiter im Großherzogt. Baden" heißt es S. 184: „Ein anderer, nicht aus dem Auge zu lassender Umstand ist der, daß in keiner anderen Industrie so viel krüppelhafte und kranke Personen beschäftigt werden, als bei der Cigarrenfabrikation."

jahr die meisten Austritte aus der Arbeit erfolgten und zwar nur zum Teil aus Gesundheitsrücksichten.

Diese Zahlen lassen sich natürlich nicht ohne weiteres auf den hiesigen Bezirk übertragen, da hier ein Teil der Hausarbeiter in der Großstadt Leipzig und ihren zum Teil einen städtischen Charakter tragenden Vororten wohnt, während es sich im Osnabrücker Bezirke um mehr ländliche Verhältnisse handelt. Allein nach den mir über Gesundheit und Sterblichkeit der Hausarbeiter in der Cigarrenfabrikation seitens der Gemeindebehörden und Standesämter gemachten Mitteilungen sind auch im hiesigen Bezirke diese Verhältnisse keine ungünstigen nnd während ein Teil der vernommenen Hausarbeiter selbst zwar über den im Verhältnis zur Arbeitszeit zu geringen Verdienst klagte, sind mir besondere Beschwerden über gesundheitliche Nachteile gerade aus diesen Kreisen nicht zu Ohren gekommen. Ein einziger solcher Hausarbeiter glaubte nach dieser Richtung hin über die Lage im allgemeinen klagen zu müssen; er hob hervor, daß man, mindestens im Winter, aus Sparsamkeitsrücksichten in den Wohnräumen auch arbeiten müsse, daß man in einem nassen Sommer mitunter ebenfalls zum Heizen des Arbeitsraumes genötigt sei, weil die Einlage an der Luft nicht trocken werde und sagte er weiter, daß in manchen Arbeitsstuben 3 Betten ständen. Wenn er aber dann seine Schilderung der ungünstigen Gesundheitsverhältnisse damit illustriert, daß er ausführte: „Wir (d. h. im Hause seiner Eltern) waren 10 Kinder, wir haben gearbeitet, gegessen, geschlafen in demselben Raum; wir sind alle skrophulös," so ist mir wenigstens nichts davon bekannt, daß skrophulöse Krankheiten eine Folge der Arbeit in der Cigarrenfabrikation sein könnten[1] und da dieser Mann endlich nach seiner eigenen Angabe die Arbeit in der Fabrik, weil sie ihm zu ungesund war, aufgegeben und sich der Hausarbeit gewidmet hat, so scheinen mir seine Klagen denn doch einer richtigen Begründung zu entbehren. Dagegen möchte ich hier die Aussagen zweier anderer Hausarbeiter über diesen Umstand wörtlich wiedergeben.

Der Eine sagte: „Die Beschäftigung halte ich nicht für ungesund oder nachteilig; ich arbeite schon seit meinem 9. Jahre in dieser Branche und bin jetzt 49 Jahre alt. Ich fühle mich ganz wohl und gesund. Auch für Kinder besteht kein Nachteil, selbst wenn man im Winter den Arbeitsraum auch bewohnt".

Der Zweite sagte: „Ich arbeite in meinem Wohnraum, halte aber die Arbeit bei solidem Lebenswandel nicht für gesundheitsschädlich und fühle

[1] Die vorherrschenden Krankheiten der Cigarrenarbeiter sind Lungenschwindsucht, hartnäckige Katarrhe, Bleichsucht und Verdauungsstörungen in den verschiedensten Formen.

mich mit meiner Familie wohl und gesund. Es widmen sich aber viele bereits kranke Leute der Tabakindustrie, daher kommt die Ansicht, als ob diese gesundheitsschädlich sei. Auch für Kinder ist keine Gefahr; das Anfeuchten muß aber im Hofe geschehen und ein besonderer Raum zum Schlafen vorhanden sein." Diese letztere Aussage ist auch um deswillen beachtenswert, weil der Betreffende seinen 17jährigen Sohn jetzt als Wickelmacher beschäftigt, nachdem sich ergeben hat, daß er zu der versuchten Erlernung des Maurerhandwerks nicht kräftig genug war.

Daß im großen und ganzen die Gesundheitsverhältnisse der für Rechnung von Unternehmern beschäftigten Hausarbeiter des hiesigen Bezirkes keine ungünstigen sind, dürfte mit darauf zurückzuführen sein, daß die Unternehmer, welche, wie bereits wiederholt bemerkt, immer mehr die besseren Cigarrensorten anfertigen lassen, selbst wegen des theuren Rohmaterials ein Interesse daran haben, nur solche Hausarbeiter zu beschäftigen, welche in ihrer Wohnung auf Ordnung und Sauberkeit halten, daß weiter die Hausarbeiter aus der Stadt Leipzig selbst immer mehr verschwinden und nach entfernter gelegenen ländlichen Orten übersiedeln, wo sie zu billigerem Preise sich gesündere und größere Wohnungen beschaffen können und endlich ist auch der Umstand von Einfluß, daß ein Teil der Unternehmer den Hausarbeitern die bereits fertigen Wickel übergibt, bei deren Herstellung gerade der meiste und so schädliche Staub entsteht. Ich möchte auch annehmen, daß die bundesrätlichen Verordnungen über die Einrichtung und den Betrieb der Cigarrenfabriken, wenn sie auch auf die Hausindustrie sich nicht erstrecken, doch auch auf diese nicht ohne Einwirkung geblieben sind. Der Hausarbeiter, der zur Ablieferung der Cigarren und Empfangnahme des Rohtabaks zur Fabrik kommt, hat dort diese Verordnungen und ihren Nutzen kennen gelernt und wird denjenigen Teil derselben, welchen auch er befolgen kann, gewiß soweit möglich beachten. Hierzu rechne ich das thunlichst mehrere Mal am Tage vorzunehmende *feuchte* Abwaschen des Fußbodens und der Tische, das Besprengen der Arbeitsräume mit frischem Wasser, im Winter namentlich in der Nähe des Ofens, das Unterlassen des Auskehrens der Räume mit dem Besen, das Ablegen der gewöhnlichen Kleider beim Betreten des Arbeitsraumes u. s. w. Und wenn eine zahlreiche Familie die Benutzung des letzteren auch zu Wohnzwecken leider unvermeidlich macht, so soll man wenigstens gesonderte Schlafräume halten. In der That haben auch viele der hiesigen Hausarbeiter besondere Arbeitsräume und daß letztere auch zum Schlafen benutzt werden, kommt nur wenig vor.

Von wesentlichem Einfluß auf die Gesundheit der Cigarrenmacher ist die *Ernährungsweise* und da muß ich leider konstatieren, daß dieselbe vielfach eine unbefriedigende ist, unbefriedigend in zweierlei Beziehung. Einmal besteht die Nahrung in der Hauptsache aus Kartoffeln, Brot und dünnem Kaffee und dann ist sie auch häufig, namentlich in kinderreichen Familien, quantitativ unzureichend. Die sitzende Lebensweise der Cigarrenmacher, deren Beschäftigung an sich schon leicht Verdauungsbeschwerden zur Folge hat, weist entschieden auf eine leichter verdauliche Nahrung hin, als wie sie in dem unausgesetzten Genusse lediglich von Kartoffeln und Brot geboten wird; es müßte mehr Fleisch, Eier und Milch genossen werden. Freilich reichen zu einer solchen Ernährung die Einnahmen der Hausarbeiter nicht in allen Fällen aus, aber wenigstens eine der Gesundheit sehr zuträgliche Abwechselung mit Speisen der letztgenannten Art könnten sich die Meisten doch verschaffen, wenn ihnen nicht die Rücksicht auf die starke Familie auch nach dieser Richtung hin eine Beschränkung auferlegte. Leider aber begegnen wir auch hier wieder dem Übelstand der frühzeitigen Heiraten, deren Folgen so manchen tüchtigen und braven Arbeiter nicht vorwärts kommen lassen und ihn oft genug zum Proletarier herunterdrücken.

Ich habe schon oben hervorgehoben, daß ich die gegen die Hausindustrie in der Cigarrenfabrikation erhobenen Vorwürfe zunächst auf Grund der Verhältnisse der für Rechnung von Unternehmern arbeitenden Cigarrenmacher erörtern wolle. Bei den für den selbständigen und direkten Absatz an kleine Händler und die Konsumenten arbeitenden Cigarrenmachern liegen die Dinge allerdings ganz anders und weit ungünstiger, und solcher selbständiger Arbeiter gibt es in unserem Bezirke immer noch eine, wenn auch nicht sehr große Anzahl. Diese Leute, welche bei dem gänzlichen Mangel an Betriebskapital den Rohtabak nur in geringen Quantitäten kaufen können und dann auch noch teurer bezahlen müssen, wie der große Unternehmer, sind mit dem Absatz ihrer meist minderwertigen Fabrikate selbst wieder auf kleine Leute angewiesen, deren Kaufkraft und Zahlungsfähigkeit nur eine geringe ist. Ihre Abnehmer bilden neben direkten Consumenten die Wirte, Krämer, Bäcker u. s. w. in kleinen Orten; die Abnehmer der letzteren Art beanspruchen selbst wieder seitens des Cigarrenmachers eine Entnahme von Getränken oder Waren und es liegt auf der Hand, daß dadurch die Spesen des Hausarbeiters eine unverhältnismäßige Steigerung erfahren, sei es auch im günstigsten Falle nur dadurch, daß er mit dem Hausieren seiner Produkte viel kostbare Arbeitszeit verliert. Bei der Schwierigkeit, stets bares Geld für ihre Waren zu erhalten, sind diese Arbeiter oft gezwungen, weit unter Preis zu verkaufen; es ist ihnen daher auch nur möglich, aus geringwertigem Tabak geringwertige Cigarren herzustellen, in welchen gerade die Konkurrenz der süddeutschen und westfälischen

Fabriken eine übermächtige ist. Ich möchte auch bezweifeln, daß dies gerade die geschickteren unter den Hausarbeitern sind, denn diese haben bei Arbeit für den Fabrikanten oder Großhändler einen viel besseren und sicheren Verdienst und die Fabrikanten resp. Großhändler werden ohnedies schon in Rücksicht auf die Gefahr der Unterschlagung von Rohtabak den selbständigen Cigarrenmachern keine Arbeit überweisen.

Unter solchen Umständen kann es nicht Wunder nehmen, wenn die Wohnungs- und Ernährungsverhältnisse dieser Cigarrenmacher sehr im argen liegen, wenn hier die Frau und die Kinder in weit höherem, ja in unzulässigem Grade zur Arbeit mit herangezogen werden. Hier ist von keinem besonderen Arbeitsraum die Rede, hier arbeitet, wohnt, kocht, ißt und schläft die Familie in einem und demselben Raume, hier kommt noch weniger Fleisch auf den Tisch, wie bei den anderen Cigarrenmachern und die Frau ist um so weniger in der Lage, für eine genügende Zubereitung der Nahrung, für Instandhaltung der Wirtschaft, für Pflege der Kinder zu sorgen, als sie selbst in angestrengter, anhaltender Arbeit dem Manne bei der Cigarrenfabrikation helfen muß. Wenn man also von Mißständen in der Hausindustrie dieses Gewerbes reden will, so sind sie in unserem Bezirke in der Hauptsache nur bei den auf eigene Rechnung arbeitenden Cigarrenmachern zu finden, welche sich meist aus unzufriedenen und in der Fabrik unmöglich gewordenen Elementen rekrutieren. Nach den Mitteilungen des Inhabers der ältesten Leipziger Tabaksfirma hat derselbe noch niemals einen solchen Hausindustriellen vorwärts kommen sehen. „Es ist stets“, sagt der Sachverständige, „ein Würgen und Schürgen um eine in keiner Weise beneidenswerte Existenz. Viele werden nur durch falsches Schamgefühl von der Rückkehr zur Fabrik abgehalten; mir selbst sind nur zwei derartige Fälle bekannt geworden und die Betreffenden sind jetzt überglücklich, daß sie den Schritt gethan haben.“

Soviel über die gegen den Fortbestand der Hausindustrie erhobenen, hauptsächlichen Bedenken. Im übrigen darf, wie bei allen Gewerbegesetzgebungsmaßregeln, so auch bei Ventilierung eines Verbotes der Hausindustrie in der Cigarrenfabrikation vor allem die Verschiedenartigkeit der einschlagenden Verhältnisse in den verschiedenen Gegenden Deutschlands nicht außer Acht gelassen werden, wie sie u. a. bei einem Vergleiche der im 4. Bande der über die deutsche Hausindustrie vom Verein für Socialpolitik veröffentlichten Beschreibungen über die Lage der hausindustriellen Cigarrenmacher in Berlin und im Bezirke der Handelskammer Osnabrück, mit der ausführlichen Arbeit des Großherzoglichen Fabrikinspektors über die Cigarrenfabrikation in Baden und mit der vorliegenden Erörterung der Leipziger Zustände klar hervorgeht.

Schon das Zahlenverhältnis zwischen Haus- und Fabrikindustrie ist ein wesentlich verschiedenes; während im Handelskammerbezirk Osnabrück auf 8000 überhaupt in der Cigarrenfabrikation beschäftigte Personen etwa 1200 Hausarbeiter kommen, stehen im Großherzogtum Baden den 19000 in Cigarrenfabriken beschäftigten Arbeitern nur 182 Hausindustrielle entgegen; im Leipziger Bezirk dürfte dagegen die Zahl der Hausarbeiter diejenige der Fabrikarbeiter überwiegen. In der Osnabrücker Gegend betreibt der Cigarrenarbeiter fast durchgängig noch eine kleine Landwirtschaft; hier ist von einer solchen, gerade in diesem Gewerbe so wünschenswerten Verbindung fast gar keine Rede. Derartige einschneidende Unterschiede bedingen aber die äußerste Vorsicht bei dem Erlaß gesetzgeberischer Maßregeln und sie legten auch mir die Beschränkung auf, die Wirkungen eines Verbotes der Hausindustrie lediglich bezüglich der hiesigen Verhältnisse zu prüfen[1].

Die Stellung der hiesigen Unternehmer zu einem Verbote der Hausindustrie ist eine verschiedene. Einzelne derselben erklären sich von ihrem Standpunkte als Fabrikanten für ein solches, halten es aber für nicht im Interesse der Arbeiter selbst liegend. Andere versprechen sich von der Beseitigung der Hausindustrie eine Besserung der Lage der Arbeiter in wirtschaftlicher und gesundheitlicher Beziehung, wollen aber ausdrücklich die lediglich als Roller für eine Fabrik arbeitenden Personen ausgenommen wissen. Die Mehrzahl der Unternehmer aber hegt die schwersten Bedenken, ist für Beibehaltuug der Hausarbeit und erklärt nur eine gewisse Stellung derselben unter die staatliche Aufsicht für wünschenswert, welche vor allem die Reinhaltung der Arbeitsräume und Trennung derselben von den Schlafräumen zu überwachen hätte. — Daß auch die von mir vernommenen Hausindustriellen in der Mehrzahl zu Gunsten der Hausarbeit sich ausgesprochen haben, ist schon angedeutet und möchte ich in dieser Beziehung nur noch anführen, daß, als vor einigen Jahren eine der ältesten hiesigen Firmen zur Fabrikarbeit übergehen wollte, kein einziger von dem alten Stamme ihrer Hausarbeiter sich freiwillig zum Eintritt in die Fabrik meldete und die neu herangezogenen weiblichen Arbeiter dieselbe bald wieder verließen.

Prüft man nun die Gründe, welche den Leuten die Be-

[1] Der oben citierte Bericht der Königl. sächs. Bezirkskommission für die Tabaksenquete verkennt manche gesundheitliche Nachteile der Hausindustrie nicht, bezeichnet aber (S. 23) als Vorteile derselben: das freiere Disponieren über die Zeit, welches dem kränklichen Arbeiter eine häufige Unterbrechung seiner Thätigkeit gestatte, die sorgfältigere Zubereitung der Speisen, für welche der Fabrikarbeiterin meist die Zeit fehle, und die bessere Beaufsichtigung der Kinder.

schäftigung in der Hausindustrie wünschenswert erscheinen lassen, so liegen dieselben, abgesehen von der Vorliebe für Selbständigkeit und Freiheit, vielfach auf durchaus persönlichem Gebiete. Einesteils sind die Leute selbst zu kränklich oder zu schwach, um täglich bei jedem Wetter den oft weiten Weg zur Fabrik machen und die geregelte, anhaltende Arbeit in derselben aushalten zu können; anderenteils ist es die Rücksicht auf die Pflege und Wartung kranker Angehöriger, sowie die Rücksicht darauf, daß die Krankheit der Frau die ständige Anwesenheit des Mannes zu Hause erfordert und endlich der Wunsch, durch die gemeinschaftliche Arbeit der Familienglieder die Einkommensverhältnisse möglichst aufzubessern. Alle diese Gründe sind mir hier begegnet und war es mir daher doppelt interessant, daß der Bericht der Handelskammer Osnabrück (a. a. O., S. 26) hierüber zu dem gleichen Resultat gelangt und dies Resultat auch ziffermäßig illustrieren konnte. Lassen sich schon gegen diese Gründe für die Hinneigung zur Hausindustrie triftige Einwände kaum erheben, so darf ferner nicht außer acht gelassen werden, daß durch das Verbot der Hausindustrie einer nicht geringen Zahl von Frauen und Witwen, welche ihrer Kinder wegen die Wohnung nicht verlassen können, der Erwerb abgeschnitten werden würde; gerade dies Moment ist aber für den hiesigen Bezirk ein besonders beachtenswertes. Während weiter die Beschäftigung in der Hausindustrie es zahlreichen Menschen ermöglicht, in kleinen Städten, in Dörfern zerstreut, aber gesund, zu wohnen, würde der alleinige Fabrikbetrieb die ohnehin nicht gerade vorteilhafte Ansammlung und Zusammenziehung großer Menschenmassen — vielfach proletarischer Natur — an einzelnen Orten nur noch mehr befördern. Nicht unerwähnt darf endlich bleiben, daß nach den angestellten Ermittlungen sich die hiesigen Hausarbeiter von den Fabrikarbeitern der Cigarrenfabrikation durch größeren Fleiß, besseres Familienleben, größere Sparsamkeit, selteneren Wirtshausbesuch und größere Sittlichkeit vorteilhaft unterscheiden, daß sie auch weit weniger zum Socialismus neigen, wie diese, und es erscheint mir sehr fraglich, ob diese günstigen Verhältnisse aufrecht erhalten bleiben würden, wenn man die Hausarbeiter in die Fabriken überführen wollte. —

Einer derartigen Überführung steht aber auch die Schwierigkeit gegenüber, daß sie bei den strengen gesetzlichen Vorschriften über den für jeden Arbeiter erforderlichen Luftraum die Errichtung neuer, weitläufiger Fabrikgebäude notwendig machen würde; zum Bau oder auch nur zur Miete solcher fehlt es aber manchem Unternehmer, der jetzt nur wenig Fabrikarbeiter, dagegen mehr Hausarbeiter beschäftigt, an den nötigen Mitteln, es würde also mit dem Aufhören der Hausindustrie, die für nicht wenige Unternehmer gleichbedeutend mit einer erzwungenen Aufgabe des Geschäftes sein müßte, eine Betriebseinschränkung verbunden sein, welche zahlreiche Personen erwerbslos machen würde.

Ein völliges Verbot der Hausindustrie würde daher für die Cigarrenfabrikation im hiesigen Bezirke eine schwere Schädigung sein. Dieselbe hat ohnedies in den letzten beiden Jahrzehnten schwer gelitten, wesentlich aus Anlaß der Monopol- und Steuervorlagen der Reichsregierung, allerdings auch infolge der Konkurrenz solcher anderer deutscher Produktionsgegenden, in welchen weit niedrigere Löhne gezahlt werden, wie hier. Schon hält es deshalb schwer, in unserem Bezirke die nötigen tüchtigen Arbeitskräfte zu finden, ein Nachwuchs unter den männlichen Arbeitern fehlt fast gänzlich und die Beschäftigung von Frauen hat daher einen großen Umfang angenommen. Die Aufhebung der Hausarbeit würde die Lage noch weiter verschärfen, sowohl für die Fabrikanten, wie für die Arbeiter und könnte die schlimmsten wirtschaftlichen Folgen haben.

Dagegen glaube ich, daß andererseits noch manches zur Hebung der Lage der Hausarbeiter geschehen könnte. Zunächst wäre eine Besserung der Konjunktur überhaupt zu wünschen, die es dem Unternehmer ermöglichte, höhere Löhne zu zahlen, hauptsächlich aber würde die Stellung der Hausarbeit unter die staatliche Aufsicht bestimmt von Vorteil für die Leute sein. Freilich bedarf es dabei großer Vorsicht und einer weisen Beschränkung; zu verbieten wäre die Benutzung der Arbeitsräume als Schlafräume und ein täglich mehrmals vorzunehmendes Abwaschen (keine trockene Reinigung) des Fußbodens und der Arbeitstische anzuordnen. Ein Verbot, in der Hausindustrie auch die Wickel anfertigen zu lassen, bei welcher Arbeit allerdings der meiste Staub entsteht, halte ich für zu weitgehend, würde auch die oft so wünschenswerte Mitarbeit der Frau unmöglich machen, also den Verdienst der Leute wesentlich schmälern. Ebenso halte ich ein Verbot der Mitarbeit der eigenen Kinder für undurchführbar; die Fixierung einer Maximalarbeitszeit für dieselben würde ebenfalls großen Schwierigkeiten begegnen, wäre auch nach Lage der Verhältnisse im hiesigen Bezirke nur solchen Cigarrenmachern gegenüber angebracht, die für eigene Rechnung arbeiten. Da diese aber überhaupt nur als ein Krebsschaden in der Cigarrenfabrikation anzusehen sind, würde die Auferlegung einer hohen Steuer auf das Hausieren mit Cigarren schon den Erfolg haben, die Fortdauer solcher ohnehin nicht prosperierender Existenzen mindestens sehr zu erschweren, wenn nicht ganz unmöglich zu machen. Die von der sächsischen Enquetekommission im Jahre 1878 zu Leipzig vernommenen Sachverständigen heben es noch als einen Übelstand dieses Hausierwesens hervor, daß dasselbe vielfach durch Kinder besorgt, daß das Publikum nicht selten dabei betrogen werde und verlangten schon der ausgleichenden Gerechtigkeit wegen eine entsprechende Besteuerung der sog. Kleinfabrikanten und Hausierer. — Wollte man aber die Hausarbeit für fremde Rechnung ganz verbieten, so würde man gerade zahlreiche Cigarrenmacher dadurch veranlassen, nunmehr für eigene Rechnung zu arbeiten und dadurch erst recht unerquickliche Zustände schaffen und jedenfalls würde bei einem Verbote jeder Art von Hausindustrie eine mehrjährige Übergangszeit festzusetzen sein, um die Erbauung und Vergrößerung von Fabriken an kleinen Orten zu ermöglichen, nach welchen die Hausarbeiter dann übersiedeln und wo sie billige Wohnungen finden könnten. —

Cigarettenfabrikation.

Der Hauptsitz der sächsischen Cigarettenfabrikation ist Dresden; in unserem Bezirke wird sie nur in geringem Umfange betrieben, was jedoch nicht etwa auf das Fehlen einer Absatzgelegenheit zurückzuführen ist, sondern lediglich auf den Mangel an guten Arbeitskräften. Es ist das um so auffallender, als die Arbeit doch eine leichte, der Gesundheit nicht nachteilige und ausreichend bezahlte ist; wenn trotzdem die Zahl der in diesem Industriezweige beschäftigten Hausarbeiterinnen zurückgegangen ist, so mag dies vielleicht mit daran liegen, daß es hier den Mädchen nicht an reichlicher Arbeitsgelegenheit in den polygraphischen und damit zusammenhängenden Gewerben fehlt, daß die Beschäftigung in diesen es ihnen ermöglicht, sich mit einer Schlafstelle zu begnügen, während die Hausarbeit einen freilich auch zu Wohnzwecken benutzten Raum für die Arbeiterin allein erfordert, sowie daran, daß die Letztere anscheinend überhaupt dem Zusammenarbeiten mit anderen Personen den Vorzug vor der isolierten und stillen Hausarbeit gibt.

Es werden in der Cigarettenfabrikation nur weibliche Hausarbeiter beschäftigt, während in der Fabrik selbst neben Frauen resp. Mädchen auch männliche Arbeiter — meist Russen — thätig sind. Ein Teil der Hausarbeiterinnen ist verheiratet, kann also nur einen beschränkten Teil des Tages sich mit der Anfertigung von Cigarretten befassen. Solche Frauen verdienen bei einem Lohne von ℳ 1. 90 bis 2. 50 für 1000 Stück angeblich ℳ 8 in der Woche, während unverheiratete Personen bis ℳ 15, einzelne sogar bis ℳ 20 kommen sollen. Kinder oder Gehülfinnen werden nicht beschäftigt.

Zur Verarbeitung gelangt lediglich türkischer Tabak, welcher den Hausarbeiterinnen vorgewogen wird und haben sie von dem ihnen übergebenen

Quantum eine bestimmte Anzahl Cigaretten von bestimmter Größe zu liefern. Unredlichkeiten sollen dabei nicht vorkommen.

Außer dem Tabak stellt der Fabrikant auch die kleinen Hülfsmaschinen, das Papier, kurz alles zur Fabrikation Erforderliche. Die Arbeit ist das ganze Jahr hindurch eine gleichmäßige; die Ablieferung erfolgt wöchentlich einmal gegen sofortige Barzahlung und die in den letzten 5 Jahren konstant gebliebenen Lohnsätze ermöglichen den Arbeiterinnen einen auskömmlichen Verdienst.

Hergestellt werden Cigaretten, welche der Fabrikant seinen Abnehmern zu ℳ 6—35 das Tausend liefern muß, die sie dann wieder zu 1—5 ₰ das Stück verkaufen. Der Absatz erstreckt sich über ganz Deutschland und kann die Nachfrage nicht befriedigt werden, da es, wie gesagt, an guten Arbeiterinnen fehlt und der wiederholte Versuch, solche anzulernen, bisher noch immer vergeblich, ja sogar für die Fabrikanten verlustbringend gewesen sein soll. —

Pierer'sche Hofbuchdruckerei. Stephan Geibel & Co. in Altenburg.

FSC
www.fsc.org
MIX
Papier | Fördert
gute Waldnutzung
FSC® C083411

Kolibri 360 GmbH
Ferdinand-Jühlke-Straße 7
99095 Erfurt, Deutschland
produktsicherheit@kolibri360.de

Druck:
CPI Druckdienstleistungen GmbH
im Auftrag der
Kolibri 360 GmbH
Ferdinand-Jühlke-Str. 7
99095 Erfurt